我
们
一
起
解
决
问
题

二手房销售高手口才训练

钟伟———著

人民邮电出版社

北京

图书在版编目（CIP）数据

二手房销售高手口才训练 / 钟伟著. -- 北京：人
民邮电出版社，2024.1
ISBN 978-7-115-63185-5

Ⅰ．①二… Ⅱ．①钟… Ⅲ．①房地产－销售－口才学
Ⅳ．①F293.352②H019

中国国家版本馆CIP数据核字(2023)第223903号

内 容 提 要

从事二手房销售的人员都会碰到同样的问题：带客户看房时应该说什么？跟进
房东和客户时应该说什么？谈单时说什么才能推动成交？本书为刚入行的从业者提
供了一套简单实用的话术及工作方法。

本书共分为6章，分别以带看、跟进、独家委托、诚意金、谈单和学区房为主
题，以实战场景和故事的形式，介绍了二手房销售人员应该掌握的话术及工作方法、
技巧和工具。此外，作者还以点评和总结的方式分享了自己的经验和心得。书中内
容可以帮助二手房销售人员在更短的时间内花费较少的精力达成交易，获得更好的
业绩，成长为二手房销售高手。

本书适合二手房销售人员阅读，也可作为房产中介机构和相关培训机构的培训
用书。

◆ 著 钟 伟
责任编辑 陈 宏
责任印制 彭志环

◆ 人民邮电出版社出版发行   北京市丰台区成寿寺路 11 号
邮编 100164   电子邮件 315@ptpress.com.cn
网址 https://www.ptpress.com.cn
三河市中晟雅豪印务有限公司印刷

◆ 开本：700×1000 1/16
印张：14.75   2024 年 1 月第 1 版
字数：180 千字   2024 年 1 月河北第 1 次印刷

定 价：69.80 元
读者服务热线：（010）81055656 印装质量热线：（010）81055316
反盗版热线：（010）81055315
广告经营许可证：京东市监广登字 20170147 号

前　言

有人说房地产中介这个行业充满了机会，因为收入上不封顶，年收入达到二三十万元的一大把，年收入达到 50 万元的并不少见，年收入达到 100 万元的也不是没有，比很多小微企业赚得还多；也有人说这个行业全是陷阱，因为经纪人的淘汰率高达 80%，能够坚持下去的人根本没有几个，更别提赚高薪了。

很多房产经纪人招聘广告都写着："打打酱油 2000~3000 元，跺跺小脚 5000~6000 元，奋力拼搏月薪 10000 元不是梦！"

有些人看到自己的朋友在房产中介这个行业干得不错，看到他们一年买车、三年买房，就觉得这个行业赚钱太轻松了，所以抱着"捞一把"的心态进入这个行业。结果，真正进入这个行业后，他们却发现经纪人这份工作根本没有那么轻松，甚至干了几个月、半年都没有开单，只好悻悻然地承认自己不是那块料，或者抱怨行业环境不好、公司氛围差、同事素质低，无奈地离开这个行业。

有很多经纪人加入房产中介行业后，公司只是统一培训了两三天企业文化和入门知识就让他们上岗实操，经理也只是简单地教他们找房源、找客户的基本方法，甚至有很多小公司对新员工根本不做任何培训。刚入行的经纪人基本上只能靠自己摸索，导致每天的工作质量很差，几个月没有开单就被迫离开了这个行业。

新手不知道怎么带看，不知道跟客户聊什么，也不知道如何介绍小区的配套设施及房子里面的家电和家具；不知道怎么跟进客户，只打一次电话跟进客户，没有合适的房源就不跟进了；不知道怎么跟进房东，每天只是按照公司的要求跟进二三十个房源，但不清楚每天跟进这么多房源是为了什么；不知道怎么谈单，不懂得如何让客户加钱、让房东降价，即便侥幸进入谈单阶段，最终仍然难以成交。

本书主要介绍了一套简单实用的二手房销售话术及工作方法，内容涵盖以下五个重要方面。

带看：经纪人要有技巧地介绍地下停车场、小区配套设施、房子里的家电和家具。

跟进：经纪人带客户看完房子后一般要打 3 个电话跟进客户，有目的、有针对性地了解客户需求，为客户精准地匹配房源。对于目前尚未匹配到合适房源的客户及不着急买房的客户，经纪人要有一套有效的跟进话术。

独家委托：很多经纪人打开房源系统，问房东这套房子现在卖多少钱，这样的跟进只是了解这套房子的当前价格罢了。经纪人跟进房东也要有一套有效的方法和话术，包括第 1 个、第 2 个、第 3 个电话怎么说，如何让房东认可自己、给自己配钥匙，直至签独家委托合同，甚至成交。

诚意金：诚意金是二手房销售过程中推动成交的一种很有用的工具，其主要作用是绑定客户、锁定价格，增强客户的成交意愿，避免价格谈判没完没了。善于运用诚意金的经纪人一般都能较好地掌控成交的节奏。当然，客户交诚意金前，经纪人需要做大量的工作，做好铺垫。

谈单：买卖双方的出价相差 3 万元 ~5 万元，很多经纪人老是想着打一个电话就把价格谈好，那是不可能的。经纪人打电话跟房东和客户谈价格，要有步骤、有计划地谈，第 1 个、第 2 个、第 3 个电话怎么打都有具体的方法和话术。如果还谈不下来，再用微信谈单及各种技巧实现突破。

学区房：经纪人销售学区房时一定要强调安全、孩子的接送等，帮助客户解决他们之前没有想到的问题。

二手房销售话术主要来源于生活，客户买房是为了改善生活，提高生活品质，给生活带来方便。所以，经纪人的所有话术都要围绕一个主题：买了这套房后如何享受生活，这套房能给客户的生活带来哪些方便，这套房对客户的生活有哪些好处。

我想特别说明的是，对二手房销售人员来说，口才是很难单独提高的，话术也不能独立地发挥作用。换句话说，口才是二手房销售人员综合能力的体现，如果其他方面的能力都不错，那么口才也不会差。因此，我在本书中不仅详细介绍了各种实用的话术，也分享了不少心得、经验，还有实用的工具及工作思路、工作方法。二手房销售人员只有储备各个方面的知识，提升交易过程中各个环节的能力，才能真正地提高口才，提炼出更有效的话术。

经纪人每天都要和各种各样的人打交道，有人的地方就有故事，所以，我选择以故事和案例的形式介绍二手房销售的话术、经验、方法、技巧和工具。这些都是我通过大量成功和失败的经历总结、提炼出来的，我相信大家看了之后一定会产生共鸣。如果大家读完本书后觉得很有收获，我就再高兴不过了。

个人的见识和经验总是有限的，我无法保证书中介绍的话术、方法、技巧和工具适用于所有经纪人，但我可以保证我自己每天都在使用它们，也通过它们取得了很多工作成果。房产中介行业人才济济，我相信部分读者会有不一样的观点、方法、技巧和工具，我非常欢迎大家与我沟通、切磋，也欢迎大家批评指正。

目 录

CONTENTS

第 5 章　谈单：怎样进行价格"卡位"，如何谈成单子

第 6 章　学区房：跟客户强调什么，如何安顿孩子和老人

带看：跟客户聊什么，如何介绍房源

很多刚入行的经纪人说自己带客户看房时不知道该跟客户聊什么，自己走在前面，客户跟在后面，没有话可说，双方都非常尴尬。

比如，我刚进入一家中介公司，第一天上班时经理让我给1号小区的某套房源做网络广告。我的运气非常好，刚把广告发出去就接到一位客户的电话，他说半个小时能到。

我刚从外地过来，对这个城市不是非常了解。我没去过这个小区，不知道这个小区在哪里，对附近的楼盘也不了解。经理没有时间陪我看房，同事也没有空带我看房。

如果你碰到这种情况，心里会不会非常紧张，根本不知道怎么带看？

本章介绍的带看技巧和话术可以帮助大家建立一套自己的工作方法，不管带看哪个楼盘，都可以沉稳地应对。

场景 01　介绍地下停车场

场景还原

我先用手机搜索1号小区，找出1号小区的简介信息，简单地看了一下。然后，我用手机导航，骑着电动车进入这个小区，找到要看的房子所在的楼和单元，先快速看了一下房子。接着，我下楼在小区里逛了一圈，简单地了解整个小区。

这时客户还没到，我骑着电动车绕着这个小区转了一圈。

半个小时到了，我返回小区门口等客户。

客户很快到了，我上前热情地打了招呼后问："大哥，您以前看过这个小区的房子吗？"

经纪人一定要先摸清楚客户是否了解这个小区，如果客户反复看这个小区的房子，就说明他比较喜欢这个小区。

在小区门口，首先看到的是地下停车场入口。

我说："大哥，这是小区的地下停车场入口，停车场里有通往每栋楼的电梯，下雨开车回家的时候连伞都不用打。两轮电动车可以直接在地下停车场充电，下雨天也不用担心充电器进水，特别安全。这个小区是人车分流的，晚上下了班在小区散步、带小孩在小区玩耍的时候不用担心汽车和电动车，安心多了。"

你也可以这样说

> 如果这个小区的车位都是固定车位，经纪人可以这样说：
>
> "大哥，现在家家户户都有汽车，有的小区车位不够，业主每天晚上回家都要找车位，有时候找不到车位，只好把车开出小区停在马路边。有些客户向我反馈，有的小区的两轮电动车太多，晚上回家没有位置充电。这个小区的汽车和两轮电动车都有固定车位，每位业主都有专属车位，回家不用找车位，方便多了。"

客户不时地"嗯"一声，我继续向客户介绍这个小区汽车及两轮电动车的停车费是多少钱、物业费一个月多少钱、水电费怎么交等细节。

场景分析

经纪人进小区的时候可以跟保安聊天，问汽车或两轮电动车停放在哪里，有没有固定的车位，费用是多少，等等。此外，物业费、水电费的问题都可以打听一下。

这些信息最好用笔记下来，因为很容易忘记。经纪人下次带别的客户看这个小区的房子时，只要打开笔记，所有信息就一目了然。

场景 02　介绍小区绿化

场景还原

进了小区，没走几步就看到了小区里面的绿化区域。

我说："大哥，您看这个小区的绿化，看着多舒服！回到家感觉像到了公园，空气也特别清新！"

说完，我深深吸了一口气，做出一副很享受的样子。客户也跟着我深呼吸。

我接着说："大哥，这个小区交房已经 5 年了，绿化跟刚交房时差不多。您看，小区的路干干净净，一点垃圾都没有，前面还有人在维护小区的绿化区域。买房一定要买物业管理比较好的，住得更舒服。有的小区交房两三年后，物业很少维护绿化区域，一片绿油油的草地变成了一块块黄泥地，小区的花花草草也变成了野生的，看着就不舒服。"

场景分析

如果开发商在这个城市开发了很多楼盘，物业管理做得比较好，就一定要把这些楼盘的名字告诉客户，这可以增强楼盘对客户的吸引力。

场景 03　介绍儿童乐园

场景还原

这个小区的绿化区域有一个儿童乐园，我想知道客户有没有孩子，于是继续介绍："大哥，这是小区的儿童乐园，每个周末都有很多孩子在这里玩。大哥，您有几个孩子啊？"

客户简单地回答："只有一个男孩。"

我接着问："您孩子多大了？在哪个学校读书呢？读几年级了？现在谁在照顾他呀？"

你也可以这样说

"您看，这个小区附近有幼儿园、小学、中学，而且在这个城市这些学校还是很不错的。这个小区离各个学校都非常近，您每天送小孩去学校只需要5分钟。现在很多人买房就是为了孩子读书。"

客户说起自己的孩子，话稍微多了一些，我可以顺势了解客户的家庭情况。

场景分析

经纪人可以通过儿童乐园的话题了解客户孩子的情况。如果经纪人对附近的学校比较了解，还可以向客户介绍附近的幼儿园、小学、中学、高中，这也可以作为房子的卖点。

场景04　介绍健身器材

场景还原

儿童乐园旁边还有一个健身区域，里面有各种健身器材。

我还想知道客户家里有没有老人，于是继续介绍："大哥，这些是小区的健身器材，每天都有很多大爷、大妈在这里锻炼身体。您和家里老人一起住吗？他们也可以每天来这里锻炼身体。"

客户回答："嗯，我爸妈和我们一起住。"

听客户这么说，我赶紧问："现在叔叔阿姨还在工作吗？还是已经退休了，在家里帮您看小孩呢？他们喜欢运动吗？"

你也可以这样说

"您看，这个小区有这么多老人都在这里健身，您也可以在小区里面陪父母运动。每天有这么多叔叔阿姨陪着您父母买菜、健身，这不就是老年人想过的生活吗？这不就是孝顺父母的表现吗？"

客户简单说了一下家里老人的情况，我已经把客户的家庭成员摸清楚了。

场景分析

经纪人向客户介绍儿童乐园、健身器材是为了了解客户家里有没有小孩、老人，为成交做铺垫，而不是仅仅为了介绍小区的配套设施。

如果经纪人直接问客户家里有没有小孩、小孩多大了、家里有没有老人、老人都在干什么，客户就会产生抵触心理，很可能会避而不谈。因此，经纪人可以通过健身相关话题委婉地了解客户的家庭情况。

经纪人要充分介绍这套房子对孩子和老人的好处，客户想到这套房子给家人带来的便利，成交的意愿就会增强。

场景05　介绍球场

场景还原

这个小区的配套设施很完善，还有一个篮球场，我正好可以通过介绍球场进一步了解客户的情况。

我说："大哥，这是小区的球场，您喜不喜欢打球？周末的时候，您可以约同事或朋友来小区打球，或者跟小区里的其他人打球。现在的人工作压力太大，打打球正好放松一下。您还可以教孩子打球，现在的中小学都很重视体育。"

客户只回了一句："我没有时间打球。"

接下来才是我想问客户的话："大哥，您是做什么行业的？一个星期连一个小时的打球时间都没有吗？您上班的地方离这个小区远吗？您爱人上班的地方离这个小区远吗？"

你也可以这样说

"这个小区离您工作的地方很近，走过去只需要5分钟。离您爱人的工作地方也很近，走过去也只需要5分钟左右。小孩上幼儿园、小学、中学，接送都只需要5分钟左右。老人去菜市场买菜、去商场购物，也只需要5分钟左右。您买的是5分钟的生活圈，买房就是为了生活方便，这个小区的房子太适合您了！"

客户说自己和爱人工作的地方离这个小区都不算远，但没有具体说自己是做什么工作的。

场景分析

经纪人可以通过球场相关话题了解客户的工作情况和生活习惯。如果客户工作的地方离得不远，位置就会成为这个小区的一大优点；如果客户平时喜欢打球，那么球场也可以成为这个小区的房子的卖点之一。

场景 06　介绍跑道

场景还原

这个小区是近年新建的，开发商为了方便业主健身，沿着小区的围墙建了一圈跑道。

我问："大哥，这是小区的跑道，您平时喜欢跑步吗？"

客户回答："我平时不太有时间运动。"

我装作不经意地问："大哥，您是做什么工作的？假设一个星期跑两次步，一次只需要半个小时，一个星期连一个小时的时间都抽不出来吗？"

客户说："我也想跑跑步运动一下，但实在没有时间。我每天得在店里盯着生意，下班非常晚。"客户终于透露了自己的工作情况。

我顺着客户的话说："大哥，现在有很多人都喜欢夜跑。如果小区没有跑道，就只能在路上跑。但是，路上的车太多了，在路上跑比较危险。而且，来往的汽车容易卷起灰尘，还会产生尾气，在路上跑步就会把这些东西吸到身体里，反而有害健康。您看，这条跑道用的是软塑胶，很有弹性，在上面跑步肯定很舒服。"

场景分析

小区里面可能有地下停车场、绿化区域、儿童乐园、健身器材、球场、跑道等，经纪人可用的话术都差不多。

经纪人最好一边向客户介绍小区配套设施，一边了解客户的需求。经纪人带客户看的这套房子，客户不一定喜欢，但经纪人可以在这个过程中了解客户的具体需求，家里有什么人，以及客户的工作、兴趣爱好、生活习惯等。经纪人掌握了这些信息，后续向客户推荐新房源、引导客户下单就会轻松很多。

如果客户还是犹豫不决，经纪人可以一个手指一个手指地数，做一番盘点。

"第一，小区停车非常方便，都是个人专属车位，每次回家都不用找车位。第二，小区的绿化不用说了，这么多年了还干干净净，跟刚交房一样，说明物业非常好。第三，小区有儿童乐园，晚上或节假日带小孩在儿童乐园玩，小孩开心，大人也方便。第四，小区有健身器材，您平时喜欢运动，家里的老人也喜欢运动，不用花钱买器材或去其他地方健身了。第五，您喜欢打球，节假日一家人其乐融融地在球场打球，难道不是一种享受吗？

第六，您有跑步的习惯，小区刚好有跑道，这不是为您量身定做的吗？"

客户买房买的就是生活方便和享受，如果客户喜欢小区的配套设施，剩下的就是价格问题了。

场景07 带外地投资客看房怎么说

场景还原

有一天，我接到了一位网络客户打来的电话。"我买阳光花园的房子，现在可以看房吗？"电话那头传来一个女人的声音。

"我现在有时间，您知道阳光花园这个小区吗？"

"我知道，我大概20分钟能到。"

"好的，那20分钟后在小区门口见。"我说完就把电话挂了。

我提前10分钟到小区门口等客户。过了一会儿，我的手机响了，我拿出手机一看，电话号码是那个客户的。我接起电话，四处张望，远远地看到一位女士向小区门口走来，她穿着红色的长袖修身T恤、黑色长裤、黑色皮鞋，留着一头披肩长发，化着浓妆。她也拿着电话东张西望，我向她招了招手，她便朝我走来。我远看还以为她只有30多岁，但走近一看，她眼角已经有了皱纹，手也粗糙了，年龄应该在50岁左右。

我跟客户打了声招呼，然后带着她朝房子的方向走。

我一边走一边问客户："大姐，您贵姓？"

"我姓李，木子李。"

"李姐，听您口音，您好像不是本地人啊。"

她一开口，我就知道她不是本地人，但我还是故意这样说。其实，跟客户聊天就像认识一位新朋友一样，刚开始肯定要客客气气的，多了解对方的情况。

"我是上海人。"

"那还挺远的。李姐，您为什么想来我们这里买房啊？"

我想了解客户为什么来这个城市买房，买房的具体目的是什么。

"我有好多朋友在这里买了房，我也想过来看看。"客户说。

我继续问："您是自住还是投资？"

客户一边观察小区的环境一边说："投资。"

我点了点头，对客户说："今年有很多外地客户来我们这里买房，都是为了投资。"我继续问客户："李姐，您来我们这里多久了？对我们这里的房地产市场了解吗？"

我先从整体上了解客户的情况，如果她对我们这个城市不了解，我就详细地给她介绍当地的市场状况；如果客户对这里比较熟悉，我就会跟她聊更加深入的话题。

客户说："我来这里 10 多天了，听朋友说这里今年房价涨得厉害，所以我就过来看看。"

通过客户说的话，我可以判断她对这个城市还不是很了解。假设你到外地的某个城市待了 10 多天，你能完全了解这个城市吗？对于刚出来看房的客户，一定要多带他们去看房，让他们自己做对比，为什么？

我们用买衣服来打比方。你去一家商场买衣服，走进第一家店，看见一件衣服比较适合自己，价格也合适，你会马上买吗？多半不会。你会怎么做呢？你会把整个商场的服装店逛完，并且把后面看的衣服与第一家店的衣服对比一番，哪件衣服既适合自己又价格便宜，就买哪件。如果后面看的衣服都不如第一家店的衣服，你多半会回到第一家店买衣服。这是不是你的购物习惯？

带看的顺序：哪套房子方便看就先看哪套，如果客户看中了某套房子，就会拿自己看中的那套房子跟其他房子做对比，看多了也不会乱。

刚出来看房的客户对相关政策不了解，对市场行情不了解，对户型不了解，对小区不了解，所以就算看中了哪套房子，也不一定会马上买，因为他们还想多看几套，做一下对比。接待刚出来看房的客户时，不管房子的价格是便宜的还是贵的，不管房子的装修是好的还是一般的，都要带客

户去看看，让他们做一下对比。如果你不带客户去看房，客户就会找其他经纪人带看。

看房看了很久的客户怎么带看？例如，一个客户看房看了一年多，他可能已经比很多经纪人还要专业，对市场行情非常了解。这样的客户看中了房子就会出手，但是他能接受的价格一定比较低。如果房源的价格是市场价，这种客户是不会去看的，因为他完全是冲着价格来的。对于这种客户，有房源就约他出来看房；如果他不肯出来，就等找到新的房源再约他出来。面对不同的客户，带看的方法也要有所不同，跟客户聊天时要不断地分析客户的情况。

因此，我带客户第一次看房的时候，都会问一句："您看房看多久了？"我这样问是为了解客户的情况，为以后的带看做好充分的准备。

很多新手都会问我一个问题："为什么客户看中了一套房子却不下单，还想再看看？"我会直接问他们客户看房看了多久，很多人都说客户刚出来看了一两天。

如果他们这样回答，我就会反问他们一个问题："现在假设你去买房，你的首付款是花了 10 年攒下来的，家里的老人还资助了不少。你跟着一位经纪人出去看房，第一天看了 3 套房，第二天又看了 3 套房，一共看了 6 套房，其中有一套还可以。经纪人开始对你使用话术，对你说'哎呀，你再不买，这套房子很快就卖出去了'，你会有什么样的感受？你会不会对这位经纪人很反感？"

绝大部分人这样换位思考之后，都会点头。

我会接着问："你心里肯定会想，我才看了 6 套房，还没看够，你就急着叫我买，我才不会着急。如果你当时心情不好，会不会把这位经纪人拉入黑名单？"之前点头的人这次同样会点头。

问完这两个问题，我就不用费口舌解释半天了，因为他们已经能够换位思考了。对经纪人来说，具备同理心、能够进行换位思考是很重要的。假设你现在想要买房，在不着急的情况下，你可能会花一年的时间看房，把目标区域的房子都看完再买，对不对？因此，对于刚出来看房的客户和不着急买房的客户，千万不要一上来就运用过多的话术和成交技巧，而要很诚心地为客户分析市场行情，给客户一些有用的建议。

假设你现在想要买房，你想不想找一位很诚实的经纪人带你去看房？你希不希望经纪人诚心地为你提供建议？经纪人要学会站在客户的角度想问题，盲目地进行所谓"逼单"只会适得其反。

场景分析

"您看房看多久了？"经纪人问这样一句话就可以了解客户的看房经验。

对于刚出来看房的客户，经纪人要带他们看更多的房子，让他们自己做对比。

对于看房看了很久的客户，经纪人要尽量带他们去看价格比较便宜的房子。

场景 08　介绍二手房相对于一手房的优点

场景还原

我想进一步了解客户的情况，于是继续问："李姐，您来这里 10 多天了啊，这些天去哪里玩了？还是一直在看房？"

客户回过头看了我一眼，说："我一边看房一边玩。我去了几个景点，感觉挺不错的。"

"李姐，这些天您看的房子是一手房多，还是二手房多？"

客户想了想，说："一手房、二手房都在看，我感觉二手房比较便宜。"

我点了点头，微笑着说："是的，我们这里的二手房比较便宜，但是有些城市的二手房比一手房还贵，您知道为什么吗？"

客户摇了摇头。我说："李姐，您投资二手房是对的，为什么呢？买房买的就是地段，地段才是最重要的。以后，二手房肯定比一手房贵。现在，一线城市的大部分二手房都在市中心，比一手房贵多了。现在的一手房基本都在郊区，郊区的配套设施完善起来可能需要 10 年的时间，您打算投资 10 年以上吗？"

"我打算投资两三年，价格合适就卖出去。"客户漫不经心地说。

听到客户这么说，我心里有点兴奋，但是我不会把情绪表露在脸上。我接着说："李姐，很多人说一手房升值快，其实这些都是开发商的炒作手法。对很多小区来说，开发商把房子卖出去之后，5 年之内的房价基本上是固定的，因为开发商一边卖一边炒作，已经把整个小区的价格炒到了 5 年之后的水平。如果您在还没开盘的时候买，可能还有一些升值的空间；如果您在尾盘阶段出手，可能根本就赚不到钱。等两年后卖这套房时，您要算上买一手房所产生的税、手续费，还有水、电、煤气开户费，以及好几年的物业费。各种费用算下来，很可能不仅不赚钱，反而会亏钱。而且，有些开发商三五年后才能下证，很多客户不敢买没有证的房子，这种房子很难卖出去，还把之前投入的资金套死了。万一急需用钱，在短时间内把房子换成现金会非常困难。如果您打算投资 5~10 年，倒是可以考虑投资一手房。"

我瞄了一眼客户，观察客户的表情有没有变化，是否反感我刚刚说的话。客户对我点了点头，表示对我的话很认可，我放下心来。

我继续说："李姐，买二手房有很多好处。最大的好处是各种地段、各种楼盘随便挑，而地段好的房子是不会轻易降价的。买房子买的就是地段，地段好的房子对投资者来说是最好的选择。还有，二手房的产权清晰，买完就可以过户。您还可以选择装修好的房子，买下来就可以租出去，相当于您把这笔钱存了两年的定期，房子的租金比银行的利息高多了。等房产证满两年后，如果急需用钱，您就可以快速地把房子卖出去。因为房子的地段好，所以卖出去的速度肯定快，您周转资金也会方便得多。如果您买了一手房，每个月都要交物业费，还要等一两年才能收房，收房后还要花很多钱装修，置办齐家具、家电才能出租，这些费用加起来也是一大笔钱呢！房子租出去 5 年，都不一定能把物业费、装修费和买家具、家电的钱赚回来，所以短期投资的人大部分都会选择二手房。"

我停顿一下，看看客户是否还在认真地听我说话。我跟客户聊天的时候会一边说一边观察客户，如果我发现客户对我说的话不感兴趣，就马上换一个话题。有的经纪人只要开口说话，就像机关枪一样停不下来，这是一个坏习惯。有的客户左耳进、右耳出，就当没听见；有的客户对这些话非常反感，很可能转身就走了。

客户没有说话，我猜她在思考我刚刚说的话是对的还是错的。

我诚恳地说："李姐，如果您打算投资 5~10 年，您可以选择一手房。如果您只想做短期投资，想要快速地把房子卖出去，您最好选择二手房。您打算做长期投资还是短期投资呢？"

这是专门针对这类客户的话术。这类客户脑子转得快，很快就能自己得出结论。接待这类客户时，我们只需要给出分析的过程，不需要给出答案。长期投资和短期投资怎么选，要看客户自身的意愿。

接待买房自住的客户时，当然要使用不一样的话术。我们要强调附近有什么配套设施，接送孩子上下学很方便，大人上班很方便，老人生活很方便，买菜、看病很方便，出去玩也很方便。接待这类客户时，我们一定要详细介绍这套房子能给客户家庭的每一位成员带来哪些方便，还要强调房子的升值空间。

很多经纪人在带看的时候不知道该跟客户聊什么。其实，跟客户介绍一些房地产专业知识，分析一下投资一手房好还是投资二手房好，都是可以的。每个人的性格不一样，每个人掌握的专业知识不一样，说出来的话就不一样，聊天方式也不一样。你既可以把同事的话术转化为自己的话术，也可以上网搜索房产经纪人话术，把网上的话术转化为自己的话术。这些话术必须自己去准备，只要事先准备好，你想跟客户聊什么就聊什么，因为你心里已经有底气了。

场景分析

经纪人问客户买房是打算做短期投资还是长期投资，如果客户说长期投资，经纪人可以这样回答："长期投资的话，我觉得买二手房比较好，二手房买了可以马上出租，每年有好几万元的租金。买一手房的话，一般2年后才交房，您已经少赚了好几万元的租金。而且收房后还要花很多钱装修，置办齐家具、家电才能出租。此外，还有水、电、煤气的开户费。这些费用加起来是一大笔钱，房子至少得租出去三五年才能回本。现在市场变化很大，5年后谁也不知道会怎么样。如果5年后房价不变，您可以随时卖出去，还挣了好几年的租金。如果买一手房，就算5年后房价不变，也就刚刚把买家具家电和装修的成本收回来。而且二手房都在市中心，租出去很容易，一手房大多在郊区，租出去有点困难。"

场景09 介绍小区配套设施

场景还原

我话锋一转，微笑着说："李姐，您了解这个小区吗？之前看过这个小区的房子吗？"

客户摇了摇头，说："我第一次看这个小区的房子。"

客户不了解这个小区，我当然要详细地介绍这个小区的情况。

我很自信地说："李姐，这个小区总共有四种户型，一种是55平方米的一居室，一种是72平方米的两居室，一种是86平方米的小三居，一种是132平方米的大三居。我现在带您看的是72平方米的两居室，这种户型方方正正，卖得很好。"

客户点了点头。

我继续说："这个小区的开发商挺不错的，虽然在其他地方没有什么名气，但是在我们这里开发过很多楼盘。到目前为止，我没听说过有人反映这些楼盘的质量有问题，所以这家开发商的房子品质是有保障的。"

我随便指向一栋楼，说："这个小区已经有五六年了，您看，外墙跟新的一样。很多质量没那么好的小区，过了两三年，外墙就显得很旧了，甚至会掉色或者脱皮。"

我指着小区里的路和花园说："李姐，这个小区的物业是我们市里数一数二的。您看小区门口的保安，还有保洁阿姨，都穿得整整齐齐。您再看小区的路，都是干干净净的。还有，小区里的花花草草都有专人维护。这个小区建成已经有五六年了，各种设施保养得都很好，这体现了物业的实力。"

我一边说一边带着客户到处看，我说的这些都是真的，客户可以亲自查证。

不少经纪人说不知道该跟客户聊什么。你对开发商及小区的物业、环境、户型了解吗？如果你不了解，怎么跟客户聊呢？

当然，了解整个城市里的每一个小区是不可能做到的，但你可以选择三五个楼盘作为主推楼盘，把相关的资料背熟，这对处于起步阶段的新手来说是很有帮助的。如果我去一个陌生的城市卖房，我对自己要卖的楼盘不了解，那么我也不知道该跟客户聊什么。

场 景分析

前面已经介绍了关于楼盘配套设施的话术。楼盘就是经纪人的产品，只有先了解清楚楼盘，才能说服客户。在百度上搜索这个小区，就可以获得大量的楼盘信息。

场景 10 介绍房子里的家具和家电

场 景还原

到了要看的房子后，客户在房子里转了一圈。房子的装修还可以，我不知道客户心里在想什么。

我说："李姐，这套房子装修完不到半年，房东住了不到三个月，所有的家具、家电都是新的。这套布艺沙发和茶几是花 6000 多元买的，这台格力冰箱是花 2000 多元买的，这套实木餐桌和椅子是花 5000 多元买的，这台飞利浦洗衣机是花 2000 多元买的。"

我走到厨房门口，指着抽油烟机和煤气灶说："这套抽油烟机和煤气灶是静音的，花了 3000 多元买的，光这个水龙头就花了 300 多元。"

我走到卫生间门口，叫客户过来看看。等客户走过来，我说："李姐，您看这套花洒，房东花了 1000 多元买的。干湿分离的玻璃也是最好的，一套下来要 2000 多元。马桶和洗手盆是整套的，花了 2000 多元买的。您看，这些都是新的。"

我走进主卧，客户也跟了过来。我说："李姐，两间卧室都有空调，都是格力的，2000 多元一台。床和衣柜都是实木的，这些家具价格也不便宜。"

很多经纪人说自己不知道该跟客户聊什么。房子里家具、家电的价格，都搞清楚了吗？如果不知道，除了问房东，还可以上淘宝查。如果是装修比较好的房子，我就会问房东这个餐桌花了多少钱，这套沙发花了多少钱，整套家具、家电花了多少钱。有些房东会反问我问这个干什么，我就跟房东解释，我们向客户介绍房子时也会介绍家具、家电的价格，尽量帮他们把价格卖得高一些。因此，大部分房东都很乐意把这些家具、家电的价格告诉我。有些房东甚至会把家具、家电的价格清单发给我。

假设你跟一位经纪人去看房，他对房子里的家具、家电的价格一清二楚，你肯定会认为他跟房东的关系不一般，你会不会对这位经纪人产生更强的信任感？

好多新手去看房的时候只是在房子里面转一圈，不到 1 分钟就看完了。他们马上打电话向经理汇报工作："经理，我已经看完房了，马上回去发广告。"

等到向客户介绍房子的时候，他们却不知道该跟客户说什么。而有经验的经纪人看房时会认真地了解房子里的每一件家具和家电，特别是知名品牌的家具和家电。跟客户聊天时，他们会向客户详细地介绍这些家具和家电。新手和老手的差距往往就体现在这些看似不重要的细节上。

场景分析

经纪人去看房的时候要注意看哪些家具和家电比较贵，如沙发、餐桌、电视、吊灯、床、衣柜等。经纪人要问房东哪些家具贵、哪些家电好，这些都是房子的卖点。

场景 11　卧室大、客厅小怎么说

场景还原

我一边介绍家具、家电的价格，一边观察客户的表情。

客户突然皱起眉头说："主卧挺大，但这个客厅也太小了吧！"

我不慌不忙地说："李姐，卧室大，睡得比较舒服。一个人三分之一的时间都是在卧室里度过的，买房就要买卧室大的。卧室大了，就可以买一张大床，睡得更舒服。睡眠好了，工作的时候就更有精神。而且，卧室大了，衣柜也可以买大一些的。女人的衣服比较多，要两个衣柜才能放得下。这个地方可以放一张梳妆台，梳妆台越大，女人就越漂亮。您别笑，我可没乱说。化妆品多了，自然需要一张大的梳妆台。漂亮女人都是保养出来的，用了这么多化妆品，自然会更漂亮。这里可以装一台电视机，现在的人都喜欢躺在床上看电视，困了就直接睡觉。考虑到要放这么多东西，我觉得这间卧室还不够大。"

场景分析

房间大好不好？当然好。如果房间大，经纪人就可以多说房间大的好处。客厅小是一个缺点，经纪人可以少说。如果经纪人故意说客厅小一点好，客户可能就会反感。

场景 12 餐厅很小怎么说

场景还原

客户拧着的眉头刚松开，又皱了起来："这个餐厅也太小了吧？"

我还是不慌不忙地说："李姐，像这种 72 平方米的两居室，基本上都是夫妻两个人带着一个孩子住的。餐厅虽然小了一点，但三个人吃饭也够用了。您可以买一张折叠式的餐桌，如果有亲戚、朋友过来吃饭，您可以把餐桌移到客厅，打开就是一个大圆桌，这样就可以坐下 10 个人。其实，一年 365 天，亲戚、朋友来家里吃饭的次数也没几次。我觉得餐厅没必要占用那么大的空间，房价这么贵，还是要省出一些空间给其他地方。我认为开发商设计户型时肯定考虑得非常全面。"

你也可以这样说

"50 多平方米的两居室属于紧凑型的，没有餐厅很正常。您看，这个位置可以放个小餐桌，买个折叠式的餐桌，吃完饭就把餐桌收起来，靠在墙边不占空间，吃饭的时候再打开。房价这么贵，等您有钱了再换个大户型的两居室，毕竟您现在还在创业，能省就省。"

当客户说卧室太大或餐厅太小时，很多经纪人马上就会反驳客户，说卧室不算大或餐厅不算小。这种争论毫无意义，就算赢了又如何？客户心里不痛快，还是不会买。因此，反驳客户是经纪人一定要避免的行为。

那么，经纪人应该怎么应对呢？很简单，客户永远都是对的。

不同的客户有不同的想法，一个客户习惯住 300 平方米的别墅，另一个客户习惯住 30 平方米的单间。两个客户看同一套 72 平方米的两居室，前一个客户觉得卧室太小、卫生间太小、厨房太小、客厅太小；而后一个客户觉得有这么大的卧室已经很不错了，有个地方做饭就行，有个地方坐着吃饭就行，客厅能放下沙发就行。这两个客户谁是对的，谁是错的？还是那句话，客户永远都是对的。

我们先认可客户说的话，客户才会认可我们说的话。客户认可了我们，才会在我们手上买房。

场 景分析

如果客户嫌餐厅太小，经纪人可以换个思路，聊聊价格："还有一套餐厅比较大的房子，面积是80多平方米，户型跟这套房子差不多，但是价格贵了7万元，要不要过去看一下？"客户听到价格贵这么多，一般都不会去看。

场景13　卫生间没有窗户怎么说

场 景还原

客户走进卫生间，说："卫生间没有窗户，太暗了。"

我不慌不忙地解释："李姐，卫生间的确有点暗，但是不影响使用。卫生间是比较私密的地方，平时进卫生间都要开灯，您在里面上厕所或洗澡的时候需要把窗户关上，不管有没有窗户，都要开抽风机。现在的房子建得很密集，卫生间有窗户的很少。这套房子是这个小区里面性价比最高的一套，错过了这套房子，再找这么便宜的房子就难了。"

场 景分析

现在的房子建得比较密集，卫生间没有窗户是比较常见的情况，经纪人可以介绍解决这个问题的办法。

"装一台质量好的、静音的抽风机就行了，效果和窗户通风差不多。平时进卫生间都要开灯，一个小灯也用不了多少电。"

场景14 厨房很小怎么说

场景还原

客户走进厨房，说："这个厨房也太小了！应该不到7平方米吧？连两个人都站不下，而且放不下大冰箱。"

我点了点头，说："李姐，这个厨房确实有点小，但是对紧凑型的两居室来说也不算小。您看，这个厨房设计得非常合理。洗菜盆右边还有一点空间可以放没洗的菜，洗好的菜放到左边等切菜，切完菜刚好放到左边的锅里炒菜，炒好的菜放到左边的那块地方。这样的设计既节省了空间又干净卫生。"

场景分析

厨房面积本来就很小，这一点无法改变，但是经纪人可以向客户介绍如何充分利用厨房空间。我们平时在自家厨房做饭时可能会觉得某些地方设计得不合理，如橱柜、洗菜盆、水龙头、抽油烟机等，日常生活中的经验可以转化为实用的话术，经纪人的绝大部分话术都来源于生活。

场景15 客厅很大怎么说

场景还原

我们在带客户看房时要注意观察客户的表情，判断客户是否喜欢这套房子。客户自走进这套房子起就紧皱眉头，说明她对这套房子不是很满意。

我试探性地问客户："李姐，您是不是觉得这套房子太小了？"

客户点了点头，说："这套房子确实太小了，有没有大一点的房子？"

我不急不躁地说："我们去看看 86 平方米的三居室吧。那个户型面积比较大，很多客户抢着买。对投资来说，那个户型是最好的选择。"

我从包里掏出钥匙，说："走吧，我们去看看，就在这栋楼的 15 楼。"

我一边说一边走出房子去按电梯，不给客户拒绝的机会。我有一个习惯，在带客户看房的时候，我身上都会多带几套房子的钥匙，这套房子不合适就马上去看下一套，下一套不合适就再换一套。

如果我在这个时候把客户放走，我对客户需求的把握得就不会很好，只知道客户从外地过来，在本市待了 10 多天，边玩边看房，想要买一套两居室投资，看了这套 72 平方米的两居室后觉得房子面积有点小。接下来，让我给客户匹配房源，我也不知道该怎么办，因为客户就跟我看了一套房子，我对客户的了解太有限了。

很多时候，人们买东西完全是凭感觉的。比如，你想买一条牛仔裤，牛仔裤的款式有很多种，有修身的，也有宽松的，颜色和设计更是五花八门。你逛商场时走进一家服装店，对销售员说你想买一条牛仔裤。

销售员问你："您想要买什么款式的牛仔裤？直筒的还是修身的？黑色的还是蓝色的？"

你想了想，说："我想买修身的，黑色或蓝色的都可以。"

销售员继续问你："蓝色有好多种呢，有深蓝色，也有浅蓝色，您选哪一种？我们店里的牛仔裤有各种设计，您喜欢磨白的还是破洞的？"销售员问得这么详细，你能说清楚吗？你很可能不知道什么款式适合自己，什么颜色适合自己，什么设计适合自己。如果销售员不停地问你这些细节，你可能会感到很烦，随便看一看就走了。

你走进另一家服装店，看到一条你觉得不错的牛仔裤，你跟销售员说："我想试试这条牛仔裤。"你试了一下，发现很合适，当场就买了。你的购物习惯是不是这样的呢？

很多客户看房也是凭感觉的。比如，很多客户会说："我想买一套两居室的房子，面积大概是××平方米，楼层最好是××楼，地段大概在××小区这一片，能接受的总价大概是××万元……"

"大概"只是一种感觉罢了，感觉这种东西是说不清楚的。这些客户其实并不清楚自己想买什么样的房子，只要看中了就会买。所以，碰上刚出来看房的客户，不管房源是好的还是一般的，我都会带客户去看，客户看中了就会跟我说。

站在客户的角度，有这样的想法是很正常的：看到合适的房子，我就买；不合适就算了。市场上有这么多的中介公司和经纪人，哪家的房源合适，我就在哪家买；谁的房源便宜，我就跟谁买。假设你现在正在买房，你会不会也这样想呢？

电梯很快到了15楼，我拿出钥匙开门。客户走进房子的时候眼睛一亮，这说明客户对这套房子的户型比较满意。这是一套86平方米的三居室，南北通透，客厅非常大，有两间大卧室，送一间8平方米的小书房，也可以当作卧室。房子的装修比较简单，因为以前租出去了，家具、家电都是便宜货。如果买下来自己住，家具、家电肯定要全部换掉。如果打算出租，就没有必要换家具、家电了。

客户指着客厅说："这个客厅也太大了吧！"

我微笑着说："李姐，我们在家里的时候多半都在客厅活动，像您这么有身份的人，客厅肯定要大一点。朋友来家里做客的时候，可不能让朋友坐到卧室里啊！客厅大一点，最起码坐得舒服。您看，这个客厅可以摆两张桌子，这个背景墙可以放一台65寸的电视机。如果您老公喜欢看足球，他坐在沙发上看球赛肯定特别爽。客厅大的房子住起来肯定舒服。"

我指着客厅的布艺沙发说："李姐，这套布艺沙发跟这个客厅有点不匹配，摆一套红木沙发就显得高档多了。"

我拿出手机，打开几张照片给客户看。照片上是户型相同的另外一套房子的客厅，里面摆了一套红木沙发，整个客厅显得非常气派。

"李姐，您看这套红木沙发摆在客厅里面多漂亮！"

客户眼睛一亮。我打开另一张照片给客户看："李姐，这套简约的布艺沙发比较适合年轻人，客厅够大的话，摆什么样的沙发都好看。"

客户很认真地看了一会儿照片，突然问我："这套房子多少钱？"

我把手机放到口袋里，说："您刚刚看的那套 72 平方米的两居室是每平方米 6000 元，这套房子是每平方米 7000 元。这是'2+1'的房子，送了一间小书房，这种户型的房子开盘的时候就比较贵。"

场 景分析

客厅大是缺点吗？对很多人来说，客厅大不是缺点，而是优点。例如，别墅的客厅一般都很大，而且有些客厅是特意挑高的，显得很气派。

当客户说客厅不好或客厅太大时，经纪人应该告诉客户怎么设计客厅才会显得更气派。客户对这个设计满意，自然会产生成交的意愿。

场景 16　介绍便宜的房源

场 景还原

客户盯着我问："这套 86 平方米的三居室，每平方米 6500 元，行不行？"

客户想通过我的表情判断房子的底价。我在这一行做了这么多年，无论遇到什么样的客户和事情都面不改色，总是表现得很自然。如果我经常喜怒形于色，客户就很容易摸清我的底牌，后面就不好谈了。

我想了一会儿，说："李姐，有一套三居室是每平方米 6500 元的，您要不要过去看看？"

"面积有多大？"

我马上从包里掏出钥匙，说："李姐，那套房子面积比较大，是 132 平方米的大三居，就在这栋楼的对面。反正也不远，我们过去看一眼吧，您做一下对比也好。"

客户看着我手里的钥匙，高兴地说："反正都到这里了，也不差那几分钟。"

客户看到自己喜欢的房子，心情也变好了。对以投资为主要目的的客户来说，房子的面积有多大、总价是多少，其实没那么重要，只要买下这套房子之后可以很快地赚到钱，一切都可以谈。对这种客户来说，多投资10万元和少投资10万元的差别不大。

我们很快来到房子门口，我拿出钥匙打开门，和客户一起走进去。

这套132平方米的三居室和那套86平方米的三居室户型相似，只是客厅、厨房、卫生间、卧室的面积都大一些。不过，这套房子的总价高了30多万元。对普通家庭来说，这是一笔不小的钱，所以很多客户都会选择86平方米的小三居，这正是小三居的卖点。

客户东看看、西看看，眉头又皱了起来，这说明客户对这套房子不是很满意。客户坐在客厅里的布艺沙发上，问我："小钟，那套86平方米的房子价格能不能降到每平方米6500元？"

客户的语气客气了很多，不像之前那样冷冰冰的。这说明她有求于我，想让我帮她跟房东谈价格。

我无奈地摇了摇头，说："李姐，刚才看的那套86平方米的房子，价格一分钱都不能谈，不过……"说到这里，我故意停顿了一下，目的是引起客户的好奇心。

客户问："不过什么？"

我难为情地说："李姐，其实我们公司有另外一套86平方米的房子，价格是每平方米6600元，装修也挺不错。可是，今天下午我同事的客户就要来公司交定金了，所以您没必要看这套房子了。"

"哦。"过了一会儿，客户才反应过来。

"下午交定金就说明现在还没有交定金。"客户看着我说。

我抓了抓头发，点了点头，然后又摇了摇头，做出一副很为难的样子。

客户问："到底能不能看房？"

我从口袋掏出手机，说："李姐，我打电话让同事拿钥匙过来，反正他们还没交定金。"

这样铺垫一番后，气氛就变得有点紧张了，后面成交的阻力就会变得小一些。

我带客户看房的时候，一般会先带客户看一套不是很好的，再带客户看一套价格贵的，最后带客户看一套价格适中的，这能让客户形成"这套房子比较便宜"的印象。

有些经纪人带客户看房的时候，总是直接带客户看那些最便宜、最好的房子。看了几套后，客户还想看更便宜、更好的房子。其实，真正便宜的房源也就三五个，哪有那么多？如果经纪人找不到更便宜的房源，客户就不愿意出来看房了。

还有不少经纪人接到网络客户的电话后马上带客户去看一套房子，客户看完就直接走了。客户没办法做对比，经纪人也不清楚客户的具体需求。隔了一天，经纪人打电话跟进客户，客户说再考虑考虑，最后多半会不了了之。

因此，带客户看房前一定要多准备几个房源，就算前几个都不合适，也可以看其他的房子，增加成交的机会。

我带着客户来到这套 86 平方米的三居室门口，过了几分钟，我的同事也到了。我为什么要打电话让同事过来开门呢？在等待同事的这段时间里，我可以跟客户多聊几句，更深入地了解客户的需求。

这套房子装修得不错，房东住过一年，然后空了一年没人住。房子里的家具、家电基本上都是好的，平时由我们公司负责打扫卫生，看起来很干净。

客户进了房子后，每看到一样家电就开一下，看看能不能用，对各种边边角角也看得很仔细。这些举动说明客户是很细心的人，也是有丰富的买房经验的人。如果客户没有看上这套房子，她会看得这么仔细吗？客户在看房的过程中往往会做很多细微的动作，我们要注意观察，判断客户是否喜欢这套房子。

看到客户一件一件地检查家具、家电，我也帮着她检查。这样做，一方面可以让客户觉得我很为她着想，另一方面也能避免客户通过挑毛病来压价。

看了一圈后，客户问："这套房子最低多少钱？"

"每平方米 6600 元。"

"价格不能谈了吗？"

我无奈地摇了摇头。

客户说："我回去再考虑考虑吧。"

场 景分析

经纪人向客户介绍便宜房源时可以说这套房子有很多客户看过了，有些客户已经在谈价格了。这种看起来很不错却可能买不到的房子很容易引起客户的兴趣。

场景 17 怎么说才能带客户回公司

场 景还原

我点了点头，把客户送出了房子，她的表现说明她非常喜欢这套房子。我怕她这一回去，再约她出来就难了，于是转过头对客户说："李姐，要不去我们公司坐坐？我拿这套房子的资料给您看看，然后我想办法帮您谈谈价格，您看怎么样？"

客户一边走一边说："现在没有时间了，我已经跟其他经纪人约好了。待会儿我看完房，再给你打电话吧。"

我也一边走一边说："好的，那我回去准备房子的资料，两个小时之后我给您打电话。如果您提前看完房，也可以给我打电话。"

客户点了点头。

不少经纪人都有这样的毛病：只要客户说跟别的经纪人去看房，自己心里就没有底，就开始慌张。为什么？主要是因为他们对自己的房源没有信心。我为什么要说两个小时之后？我就是要让客户去看其他房子，做一下对比。等客户对比了一番，可能就要决定买哪套房子的时候，我正好能面对面地跟客户交流，帮助客户做出最后的决定，这时成交的可能性是非常高的。

比如，你去商场买手机，但不知道哪个品牌的手机比较好用。你走进第一家手机店看了一款华为手机，你觉得实体店的价格有点贵。这家店的销售员知道你刚来商场，还想看看其他手机，于是对你说："您可以先去别的店逛逛，我现在跟领导申请优惠价。半个小时之后您再回来，我会给您一个最低价。"

然后，你去看了小米手机和苹果手机，感觉都差不多。你心里想着第一家手机店的销售员正在帮你申请最低价，所以你打算回去找他，问问最低价是多少。如果价格合适，你很可能就会买下来。

如果那位销售员在你第一次进店的时候就直接把底价告诉你，等你逛了一大圈之后，你还会回过头来找他问问那款华为手机的最低价是多少吗？

场 景分析

当客户看到喜欢的房子时，经纪人要留一点悬念给客户，留一点希望给客户，这样客户才会回过头来找经纪人。如果客户做出决定的时候，经纪人正好在客户身边，就可以给客户提供很多建议，获得更多的成交机会。

场景 18　如何保护便宜的房源

场 景还原

客户马上要跟别的经纪人去看房，我必须给客户打好预防针，免得她把这个独家房源告诉其他经纪人。

我想了想，委婉地说："李姐，我刚刚带您看的那套房子是我们公司的独家房源，请您不要告诉其他经纪人。现在的经纪人都神通广大，如果您告诉其他经纪人，他们很快就会找到房东，我们公司就会损失一个房源。到时候，您想买这套房子也买不到了。"

客户一脸疑惑地看着我，问："为什么呢？"

我一边走一边说："李姐，如果您把我们公司的独家房源告诉其他经纪人，而他们手上恰好有其他客户想买这个小区的房子，他们就会告诉其他客户，其他客户就会跟您抢这套房子。我换个角度解释一下，您就明白了。假设您是这套房子的房东，之前只有一位经纪人跟您谈价格，但现在突然冒出6家中介公司给您打电话，都说有客户要买这套房子。这个时候，您会不会涨价？"

客户点了点头。

我不知道客户是不是真的听明白了，只好把事情说得更严重一些。

我严肃地说："李姐，还有一些经纪人，手上根本没有客户，但故意来捣乱。他们会跟房东说，他们手上有客户能出更高的价格，不断地让房东涨价。到时候，您就真的买不到这套房子了。我以前经常碰到这种事情。有一次，我带一个客户看完独家房源之后，叮嘱客户不要把这套房子告诉其他经纪人，客户不相信我的话，把这套房子告诉了其他经纪人。结果，突然冒出好几家中介公司去跟房东谈价格，房东马上要求涨价。最后，这位客户加了好几万元才买到这套房子，他后悔死了。"

客户还是点了点头。

该打的预防针已经打好了，我跟客户聊了一些其他话题，问她这个城市给她的感觉怎么样，她认为这个城市以后的发展如何，她最近去了哪些景点。我没有聊房子的事情，因为我越着急，客户越容易起疑心，很可能提出一系列的问题，最后反而成交不了。

我把客户送到小区门口，客户打了一辆出租车走了。我一边往公司的方向走，一边想待会儿给客户打电话时应该怎样引导她下单。我心想，这个客户出来看房已经有一段时间了，应该已经看累了，也对比了很多房子，基本上看中了就会出手。

我看了看手机，正好是上午 10 点，时间还早。我回到公司后，先把这套房子的所有资料准备好，然后才开始做别的工作。

场景分析

很多价格便宜的房源都是从客户口中得知的。经纪人在带客户看房的过程中可以随口问"您最近看到喜欢的房子了吗？哪个小区的？哪栋？几楼？您还记得门牌号吗？出电梯左转还是右转"，不少客户都愿意告诉经纪人。这时，经纪人可以跟客户说："可能我们公司也在卖这套房子，以我们的谈判能力，肯定能比其他中介公司把价格谈得更低。"客户听到经纪人这么说，自然乐意透露更多的信息。

场景 19　如何应对"军师"

场景还原

两个小时后，客户还没有给我打电话。我觉得时间差不多了，就拿出手机给客户打电话，电话很快接通了。

我客客气气地说："李姐，您看完房了吗？"

我竖起耳朵听电话那头的声音，想要通过声音判断客户在哪里。不过，电话那头很安静，完全听不出来客户在哪里。

客户平静地说："我在朋友家里，我的朋友也想看看那套房子，现在方便看房吗？"

听到这句话，我觉得可能会出问题。客户带着自己的"军师"过来看房，这是一个危险的信号。我平复了一下心情，问："你们什么时候能到小区？"

我听到客户问她的朋友多久能到阳光花园小区。隔了几秒，客户对我说："我们大概半个小时后到。"

我说："好的，半个小时后见，我在小区门口等你们。"

半个小时后，我拿着一大串钥匙在小区门口等客户，客户和她的朋友准时到达小区门口。客户看到我拿了一大串钥匙，稍微愣了一下。

我连忙解释："李姐，既然您的朋友过来，您也应该带她看看今天看的这几套房子，让她了解一下这个小区，说不定您的朋友也想在这个小区买一套房子呢。"

客户身边的"军师"说："你直接带我们去看那套房子就行，我已经有房了，现在没钱买房。"

我一听这话就知道这位"军师"肯定会发表很多意见。我拿出手机看了看时间，说："那套房子的钥匙被其他门店的同事拿走了，半个小时之前我已经让同事过去拿了，应该很快就到了。"

我客客气气地对"军师"说："大姐，您过来帮朋友看房，您肯定也想给您的朋友找一套比较好的房子，对不对？"

"军师"不吭声，我继续说："您肯定想给您的朋友好的意见，对不对？"

"军师"点了点头，表示认可我的说法。我趁热打铁，接着说："大姐，您过来帮朋友看房，想给她好的意见，您不去看看这个小区的其他户型，怎么对比呢？既然已经到了这个小区，也不差那几分钟的时间。我们在大门口等着也是等着，不如去看一眼，就当散步了。"

客户听我这么说，就一边拉着朋友往小区里走一边说："在这里等着也是等着，我今天看的这几套房子还可以，你过去看看，给我一点意见。"

我终于松了一口气，我就怕"军师"不看别的房子，直接看那套86平方米的小三居，一边看一边挑毛病，挑完毛病后再还一个很离谱的低价，这个单子肯定就完了。

我还是按照早上的顺序，先带她们看72平方米的两居室，再看86平方米的小三居，接着看132平方米的大三居，最后看主推的那套86平方米的小三居。如果"军师"根本不看其他房子，没有比较的对象，她就不知道哪个户型好、哪个户型不好，最后只会挑一堆毛病。我先带她们去看别的房子，让她挑毛病。她看了几套房子后，自然就会知道其他房子不好的地方在哪里，而这套房子好的地方在哪里。

我先让"军师"看几套一般的房子，然后带她去看更好的房子，她自然就没什么话可说了。

看 72 平方米的两居室时，"军师"说："这套房子太窄了，客厅太小，卧室太大。"

看 86 平方米的小三居时，"军师"说："家具、家电太旧了，必须重新买，这得花多少钱啊？每平方米 7000 元？太贵了！"

看 132 平方米的大三居时，"军师"说："没有必要买这么大面积的，比上一套贵了 30 多万元，使用面积也差不多。如果自己住，买大的倒是无所谓；如果希望几年后容易转手，我觉得还是 86 平方米的小三居比较好。"

看完前面三套房子，"军师"把该说的话都说完了。等到看主推房源时，"军师"已经没有什么话可说了，她觉得这套房子还行，可以考虑出手。

很多经纪人都犯过这样的错误：客户带着朋友来看房，经纪人就直接带他们去看主推房源，客户的朋友为了体现自己作为"军师"的价值，说了一大堆房子的缺点，客户听了之后不想买了。我们一定不要再犯同样的错误。

客户看完房后，我带着客户去公司，一路上都在想怎么让客户交诚意金。到了公司后，我把客户带进了办公室，我去给她们倒水。

"军师"喝了一口水，说："这套 86 平方米的三居室，如果你帮我们谈到每平方米 6000 元，我们就马上交定金。"

我心想，真是怕什么来什么，她肯定想帮她的朋友谈一个更低的价格。不过，我前期做的铺垫工作还是有用的，只要她不说这套房子的缺点，就有成交的机会。

我无奈地摇了摇头："大姐，您这是跟我开玩笑吗？"

"你看我像是在开玩笑吗？"她一本正经地说。

我干脆地说："如果是这个价格，那就不用谈了。我们公司还有很多不错的房源，我拿钥匙带你们去看其他小区的房子吧。"

我说完就转身走出办公室，随手拿了几把钥匙回到办公室，对客户说："李姐，我们去看别的房子吧，这套房子不谈了。我上午已经跟您说过了，有别的客户约好了下午来交定金。我本来不想带您去看，现在您还的这个价实在没法谈啊！"

我知道客户喜欢这套房子，她和她的朋友都想试探底价。毕竟，买下这套房子要花几十万元，不可能不谈价格。

这个时候，同事小李推开门，走到我身边，小声地说："小钟，那套86平方米、独家委托的房子的钥匙是不是在你手上？其他门店的经理刚才打来电话，让你把钥匙送回去。那边说这套房子不能给其他客户看，马上要封盘了。"小李虽然放低了声音，但客户听得清清楚楚。

我用不耐烦的语气对小李说："你别理他。公司规定，他那边的客户没有交定金，我这边就有权成交。我把钥匙放在钥匙箱里了，你让他自己过来拿吧。"

我用眼角的余光扫了客户一眼，想看看客户有什么反应。客户露出了着急的表情，但很快恢复了平静。

我转过头对客户说："李姐，您诚心买这套房子吗？如果您诚心买，现在交诚意金还来得及。我知道您的朋友肯定是为了您好，但是这个价格肯定谈不下来。如果您坚持这个价格，我只能带您去看其他房子了。"

说完，我拉出椅子，坐在客户的斜对面。眼前的这个局叫"卡位"，我要求客户重新报价。我只给了客户两个选择：一个选择是加钱，另一个选择是看其他房子。

"军师"还想说话，客户拉了拉她的手，不让她说话。客户死死地盯着我，想通过我的眼神判断我说的话是真的还是假的。

"价格真的没有办法谈了？"

我无奈地摇了摇头，脸上的表情没有一丝变化，表示没有谈价的机会。

客户紧皱眉头，想了一会儿，说："小钟，我是个爽快的人，我能接受的价格是每平方米 6500 元。如果你能帮我谈到这个价格，我就买；如果谈不下来，我就不买了。"客户说话的语气很坚定。

我紧扣十指，顶住下巴，做出沉思的样子。

客户见我没有说话，又问："小钟，我刚刚说的话你听到了吗？"

我对客户点了点头，说："我在想怎样帮您去跟房东谈价格，怎样帮您抢到这套房子。"

过了一会儿，我抬起头说："李姐，要不您交点诚意金给我，我立马上报总部，先把这套房子封盘，不让其他同事成交。今晚，我和我们经理买点水果，带上诚意金、合同和公章去房东家里谈价格。如果房东同意，我当场把诚意金交给房东作为定金，不给房东反悔的机会。现在，其他客户也在抢这套房子，如果其他门店的同事跟房东说其他客户能出更高的价格，您很可能就买不到这套房子了，或者您得加几万元才能买下。"

客户想了想，说："诚意金交多少？"

既然客户知道诚意金，我就不跟她详细解释诚意金了。

我想了想，说："我觉得这套房子交 3 万元到 5 万元的诚意金比较合适。您给我两天的时间，如果我谈不下来，就把钱一分不少地退给您，您一点损失都没有。如果您只交三五千元，房东就可以随时涨价。如果有其他客户比您多出 5000 元或 1 万元，房东肯定是看谁出的价格高就卖给谁。"

果然，"军师"不等客户开口就对我说："我上次买房才交了 2000 元的诚意金！"

真是怕什么就来什么，"军师"又给我出了一个很大的难题。对于这个问题，我没有办法回答，我只能当作没听到。我紧紧地盯着客户，等待她的答复。

"军师"不依不饶地说："诚意金没有交这么多的，你给他 2000 元，叫他帮你谈。如果他谈不下来，就算了，我带你去找别的中介买。"

我不敢顶撞"军师"。在这个时候，只要说错一句话，这个单子就完了。

景分析

应对"军师"的办法主要有两种。第一种办法是赞美。如果"军师"是男性，就夸他的车漂亮，肚子里有学问；如果"军师"是女性，就夸她的衣服好看，发型好看。"军师"说什么，经纪人都随声附和，夸奖他说得很好。总之，经纪人要想尽一切办法跟"军师"搞好关系。但是，有不少"军师"不吃这一套。第二种办法是让"军师"自己对比。经纪人可以向"军师"介绍市场行情，让他知道哪套房子才是最好的，哪套房子是最便宜的。"军师"一般是客户的亲戚或朋友，肯定是为客户着想的，只要经纪人客观地介绍情况，"军师"自然会得出合理的结论。

在看房的过程中，"军师"肯定会给房子挑毛病，说一些不好听的话。这时，经纪人千万不能反驳，否则"军师"很可能会故意和经纪人对着干，成交就很困难了。

场景 20 如何进行价格"卡位"

景还原

我还是盯着客户不说话。客户拉了拉"军师"的衣服，意思是让她别说话。

客户想了一会儿，说："小钟，要不这样吧，我交 5000 元的诚意金，你去帮我谈价格。"

我摇了摇头，露出很为难的表情，说："李姐，您让我想一想怎么操作才能帮您买到这套房子。"

我还是紧扣十指，顶着下巴，做出沉思的样子。

很多经纪人遇到这种情况，想都不想就直接拒绝客户："5000 元太少了，真的不行！"这样回应只会让客户认为经纪人在敷衍她，经纪人根本没有积极地想办法帮她争取。如果客户觉得经纪人不可靠，就会找别的经纪人谈价格，这就是所谓的"跑单"。

客户见我在想事情，就不再说话，静静地等着我的答复。在这个时候，说得再多也没有用，还不如安静一会儿，让客户觉得经纪人正在努力地替她想办法。

大概过了一分钟，我露出很为难的表情，说："李姐，5000 元真的太少了。我上次有个客户也是这样，只愿意交 5000 元，房东看都不看，说见面直接签合同。谁知道第二天，别的经纪人给房东报了更高的价，房东就跟别的客户签合同了。李姐，这样吧，您交 1 万元给我，我想尽一切办法帮您买下这套房子。"

"军师"又想说话，客户拉了拉她的衣角，叫她不要说话。客户看了一眼"军师"，用眼神很快地跟她交流了一下，转过头说："小钟，1 万元就 1 万元吧，明天早上我等你的答复。"

"李姐，您稍等，我去拿合同。"我说完就起身去拿诚意金合同。

我在合同上写了两天，客户指着合同问："小钟，不是一天吗？"

我本来想说"我什么时候说过一天"，但与客户争论没有意义，就算赢了也不能怎样，还有可能导致客户甩手而去。不少经纪人因为一些小问题与客户争论对错，客户觉得自己不受尊重，就跑到别的中介公司去买房子了。

我用无奈的语气说："李姐，现在离晚上下班还有 6 个小时。我今天晚上帮您去跟房东谈，万一谈不下来，我明天再去谈，所以您要多给我一天的时间。有时候，把房东逼得太紧，房东就会觉得有很多人在抢他家的房子，很可能就会涨价。如果今天晚上能谈下来，那是最好的，明天一早我就叫您过来签合同。就算您只给我一天的时间，起码也要给够 24 小时啊！现在是中午 12 点多，就算我明天下午 6 点之前给您回复，也只有不到 30 个小时。李姐，您不差这几个小时吧？"

有时候，经纪人要跟客户一分一秒地算时间，让客户知道谈成这个价格有很大的困难，不一定能谈得下来。如果这个价格很容易就能谈下来，客户还会拜托经纪人去谈吗？客户还会觉得中介费花得很值吗？

客户还没开口，"军师"就指着中介费的条款说："你们还要收 1% 的中介费？我买房都不给中介费！"我心想，真是怕什么来什么！

我不理"军师"，看着客户的眼睛说："李姐，我这么辛苦带你们看房，还要帮你们谈价格，就是为了挣一点中介费。您不给中介费，我们没有办法活下去啊！"

"军师"扯开嗓门说了一大堆很难听的话，我沉住气，不动声色。客户坐在一旁，也不拉着"军师"。我在心里默念："我做的是服务行业，我挣的每一分钱都是从客户的口袋里掏出来的，我不会反驳客户，也不会顶撞客户，因为客户就是我的财神爷。"念了几遍之后，"军师"还是说个没完，一副不达目的誓不罢休的样子。

我叹了口气，无奈地说："李姐，我去找经理申请一下，看看中介费能不能打折，你们等我一会儿。"说完，我就起身走出了办公室。

我拉着经理到店门口，商量了一下怎样才能让客户愿意付中介费。几分钟后，我和经理一起走进办公室。

经理一进门就主动说："李姐，小钟刚刚跟我说了中介费的问题，我最大的权限只能打个 9 折。"

"军师"表现出一副她在买房、让她掏中介费的样子，又说了一大堆理由，反正就是不给中介费。我看了一眼客户，她没有拦住朋友的意思，这说明她也不想给中介费。我给经理递了一个眼神。

为了化解尴尬，经理无奈地说："小钟，你签吧，我去跟房东谈。我让房东多给一点中介费，这是我的本事。如果房东不给中介费，就说明我的谈判能力不到家，我们就少收一点中介费。如果价格谈不下来，就直接退钱。小钟，你把中介费的条款划掉吧。"

我拿出笔，把中介费的条款直接划掉，客户满意地点了点头，毫不犹豫地在诚意金合同上签字、按手印，然后用微信把钱转给了我。

客户交了诚意金后，我在第一时间把这个房源封盘，以免其他同事成交。晚上，我和经理买了一些水果，去房东家里谈价格，这个房东正好是经理的老客户。

其实，房东的开价是每平方米 6600 元，这个价格是可以谈的。我和经理很容易就能把价格谈下来，但是因为有中介费的问题，所以不得不和房东讨价还价。谈了两个小时后，房东同意多给我们 1% 的中介费。

场景分析

客户出价后，即便经纪人有一定的把握能把这个价格谈下来，也要跟客户说："大姐，这个价格不一定能谈成，我先试试。"

最后双方好不容易成交了，客户会非常开心，也会毫不犹豫地支付中介费。就是因为太难谈了，客户做不到，才找中介公司和经纪人帮忙谈价格。

如果经纪人直接跟客户说"大姐，这个价格肯定能谈下来，您放心好了"，客户反而会怀疑自己的出价太高了，中介费给得太多了，很可能会继续压价，这个单子恐怕就很难成交了。因此，只要客户出价，经纪人就要进行"卡位"。

总 结

带看的话术可以细分为介绍小区环境的话术和介绍房子的话术。

很多经纪人说他们在带看的时候不知道应该跟客户聊什么。这些经纪人应该先问问自己是否了解这个小区，能否有效地把控正在看的这个房源，是否熟悉小区环境、配套设施及这个小区的各种户型。

假设你现在去买房，你想不想了解正在看的这个小区有哪些户型，小区环境如何，小区里面住着什么人，小区附近有哪些配套设施？你想不想了解这个小区的物业费、取暖费和停车费是按照什么标准收取的？你让经纪人给你介绍这个小区，可是经纪人说他也不太了解，你还想跟这样的经纪人聊天吗？

带看的路线、先看哪个房源后看哪个房源都需要经纪人事先进行精心的设计。让客户对比不同的房子，客户才知道哪一套便宜、哪一套好，才会产生购买意向。

客户带着"军师"来看房是常有的事情，很多经纪人遇到这种情况就一味地赞美"军师"，希望通过讨好"军师"促进成交。个别"军师"可能会吃这一套，但大部分"军师"都会坚持自己的想法。如果客户带着七大姑八大姨来看房，几个人叽叽喳喳说个没完，而经纪人只顾着讨好他们，不想办法统一他们的意见，就没有办法成交。

经纪人要带着"军师"对比房源，之前是怎么带客户看的，现在就怎么带"军师"看。带着"军师"跑完一圈，他们就累了，也把各种意见都发表完了。充分地对比价格、户型、小区之后，他们当然就会知道哪一套房子更适合客户，也就不会随意发表意见了。

跟进：怎样抓住客户，如何做好客户管理

在带看后跟进客户是非常重要的一个环节。

有的经纪人带客户看完房，直接打电话问客户考虑得怎么样了。客户说"我再考虑考虑"，这些经纪人不知道客户在考虑什么，从此以后就不再跟进这些客户了。

有些经纪人带客户看完房后，发现客户比较喜欢这套房子，就在客户还没有出价，也不了解税费、贷款、付款方式等细节的情况下，直接进行所谓的"逼单"。

经纪人对客户说："这套房子很抢手，你再不下单就被别人抢走了！"结果，客户直接把他们拉入了黑名单。

还有一些经纪人带客户看完房后，还没有为客户匹配房源，就把他们丢掉了。其实，跟进客户是非常重要的，与跟进房东同样重要。

场景 21 接电话怎么说

场景还原

一天早上，我在店里打电话跟进房源，突然我的手机响了。

我马上接起电话："喂，你好。"

"我在网上看到你有一套快乐花园的 72 平方米的两居室要卖？"电话

那头传来一个中年男人的声音，带着本地口音。

"是的，我现在就在小区里，您现在有时间过来看房吗？"

这个小区就在我们公司附近，我走过去只需要 3 分钟，所以客户再快都没有我快。我这么说可以让客户产生一种感觉：经纪人已经在房子里等着了，最好快点过去。一般来说，有空的客户都会说马上过去。如果客户当时没空，我就会安排其他时间看房。

"我现在过去，大概 10 分钟就能到。"客户说完就把电话挂了。

六七分钟后，我站在小区门口等客户，手机突然响了。

我接起电话说："大哥，您到了吗？"我一边说一边四处张望。

我远远地看到一位 40 岁左右的大哥走了过来，他剪了一个平头，挺着啤酒肚，身上穿着一件黑色的 T 恤和一条黑色的短裤，脚上穿着一双黑色的凉鞋。

客户骑着一辆很破旧的电动车，一边接听电话一边东张西望。我向客户招了招手，他朝我的方向骑过来，找了个地方把电动车停好。

场景分析

经纪人接到新客户的电话时最好这样说："我在小区附近（或小区里面），您现在过来看房吗？我在这里等您。"

听到经纪人这样说，有空的客户一般都会马上过来看房。很多客户说第二天过来看房，但经纪人永远打不通他们的电话。上面的这个话术可以有效地提高经纪人的带看数量。

场景 22 和客户聊天怎么说

场景还原

我带着客户朝房子的方向走去。

"大哥，您贵姓？"

"免贵姓陈。"

我习惯性地问客户："陈哥，您是做什么行业的？感觉您上班的地方离这个小区不太远啊。"

"我是厨师，就在附近上班。我是偷偷跑出来的，时间有限，咱们走快点。"

我心想，客户在上班时间偷偷跑出来看房，这说明客户是诚心买房，也很着急买房。

你也可以这样说

> 经纪人："陈哥，我刚刚带了一个客户，跟您长得挺像的，他也是骑着一辆旧电动车到处看房，但是他名下有十几套房子，他是一个炒房客。陈哥，您不会也是炒房客吧？"
>
> 客户："不是。"
>
> 经纪人："那您是做什么行业的呢？"
>
> 客户："我是……"
>
> 经纪人最好不要直接问客户从事什么行业，否则容易让客户产生防备心理。换一种方式问，客户就愿意说了。

"陈哥，您在哪家餐厅上班？有时间我去尝尝您的手艺。"

"嗨，什么餐厅！我只是在一家小餐馆打杂。"

如果客户想告诉我他上班的地方，他多半会说"我在 ×× 餐厅上班，你下次过来吃饭，我给你打折"。既然客户不想说他上班的地方，我就不再追问了，马上换个话题。

"陈哥，您之前看过这个小区的房子吗？"

"我之前看过几套，但装修都不是很好，我想买一套装修好的。装修太麻烦了，而且要花一大笔钱。"

我心想，客户看过这个小区的房子，而且是本地人，我不用急着介绍这个小区，先了解他的需求，再给他介绍也不迟。

"陈哥，您看房看多久了？"

"我看了差不多一年。"客户一边说一边观察小区的环境。

场景分析

在带看的过程中，经纪人要不断地找话题，主动跟客户聊天，了解客户从事的行业，这样才能得到客户的信任。

场景 23 如何询问客户喜欢哪个小区

场景还原

"陈哥，您看了这么久，有没有喜欢的小区？"

客户想都没想，直接说："我喜欢未来花园，那里有个两居室的户型不错。"

我心想，未来花园离这个小区只有大概 500 米，那个小区的环境和配套设施跟这个小区差不多，房子的价格也差不多。

我想了解客户喜欢哪个户型，便问："陈哥，未来花园的两居室有两种户型，一种是 68 平方米的，另一种是 82 平方米的，您喜欢哪一种？"

客户愣了一下，他没想到我对未来花园这么了解。

他说："我喜欢 68 平方米的。"

我心想，68 平方米的户型有一间卧室太小了，户型不算很好，客户想买面积这么小的两居室，可能是因为手上的资金比较紧张。

你也可以这样说

经纪人："陈哥，您看了这么多小区的房子，您比较喜欢哪个小区呢？"

客户："我喜欢未来花园，那个小区有个两居室的户型不错。"

经纪人："陈哥，您喜欢未来花园，也看好了户型，为什么不买呢？"

客户："因为……"

经纪人要问客户喜欢哪个小区的房子，为什么看中了又不买，从而找出客户不买的原因。经纪人确认了客户想买什么样的房子，之后再给客户匹配合适的房源就容易多了。

我试探性地问："陈哥，您为什么想买 68 平方米的两居室？这个户型有一间卧室比较小，82 平方米的两居室不好吗？"

客户叹了口气，说："82 平方米的两居室总价比较高，我的首付不够啊。"

"也就差十几个平方米，首付差不了多少钱呀。"

客户又叹了口气，说："哎呀，反正凑合着住就行，不要给自己那么大的压力。"

场景分析

客户主动说自己没有钱，这是真的吗？经纪人时常会碰到这种情况：客户说想要买两居室，经纪人给他推荐三居室，他说他的钱不够，最后他买了四居室！

经纪人要认真分析客户说的话，持续地试探客户的真实想法。

场景 24　在带看过程中如何推荐其他房源

场景还原

我和客户很快走到了房门口，我拿出钥匙打开门。其实，我接完客户的电话后就一口气跑来这个房子，把所有的窗户都打开了，所以走进房子的第一感觉是很透气、很凉快。

很多经纪人在带客户去看房的时候没有提前打开门窗，所以走进房子的第一感觉是很闷，甚至有股发霉的味道，这会让客户觉得很不舒服。如果客户对房子的第一印象不好，就很可能会挑各种毛病，压低价格。

客户买房买的是家的感觉。只要房子里面有一点让客户感觉不好的地方，客户就会犹豫是否要买这套房子。所以，如果天气热或房子西晒，在带客户看房之前最好叫房东把窗帘拉上，把灯和空调都打开。另外，西晒的房子最好早上去看。

如果房子里比较脏，在带客户看房之前一定要让房东打扫干净，把家具、家电摆得整整齐齐。如果阳台有杂物，一定要事先清理干净。很多家庭都会在阳台上堆放没用的杂物，像快递箱、塑料袋什么的，这些东西不仅会挡住光线，还会让客户产生不好的印象。

我站在房子的客厅里，客户自己去各个房间转了一圈。客户之前看过这个户型，所以我没有必要做详细的介绍。

客户转完一圈回来，我问："陈哥，您觉得这套房子怎么样？"

客户想都没想，直接说："这套房子还可以，我挺喜欢的。"

我笑着说："陈哥，我这里有一套86平方米的三居室，户型非常好，您看过这个户型没有？"

"我没看过。"

我想给客户推荐这套三居室，便说："陈哥，我们上去看看这套房子吧。这套房子挺不错的，就在这栋楼的15楼。买房的时候一定要多看几套房子，好的、差的、两居室、三居室都要看一下。看得多了，有了对比，才知道什么样的房子适合自己。"

"我想买两居室，三居室就不用看了，我也买不起。"客户干脆地回答道。

"陈哥，我只是叫您看，不是叫您买。您可以了解一下这个小区最好的户型，还可以顺便看看装修。您也不差这两分钟吧？按个电梯就上去了。"

客户只犹豫了一秒，说："那走吧，看看就看看。"

你也可以这样说

"陈哥，这个小区有一套房子比较便宜，就在前面的这栋楼，您现在买了马上可以赚 2 万元。我们过去看看吧，就算不买也要过去看看。"

很多客户听到有便宜可捡，就算不买，也会跟经纪人过去看看。

我为什么让客户看那套三居室？因为那套三居室是主推房源，而且这套两居室的价格谈不下来。那套三居室的价格低于市场价，而且价格还可以谈，我要试探一下客户的实力。

我和客户很快到了三居室，客户一进门就眼睛一亮。他站在客厅，一边看一边用手顶着下巴思考着什么。

我不管他，直接把所有的门窗都关上。我关好门窗之后，客户还舍不得走，我知道这下有戏了。

"这套房子的价格是多少？"客户问我。

"每平方米 7000 元，面积是 86 平方米，总价是 60.2 万元。"我用轻松的语气说。

客户"嗯"了一声就走出了房子。

客户急着回去上班，没有心情聊别的。我把客户送到小区门口，客户骑着电动车走了。我马上在手机上添加了一个提醒事项——"晚上跟进陈哥，看快乐花园的客户"。

场景分析

经纪人第一次带客户看房时可能完全不了解客户的需求，很多客户也不知道买什么房子好，只想着看中了就买。

经纪人在带客户看房的过程中给客户推荐房源，最好推荐超级便宜的房源或独家房源，万一客户看上了，就可以直接成交。

"这个小区有一套房子，房东亏 20 万元卖，您有没有兴趣看一下？"

"有一套房子，房主的公司出了问题，需要周转资金，着急卖，您有没有兴趣捡便宜？"

场景 25　跟进客户的第 1 个电话怎么说

场景还原

晚上 8 点，我掏出手机拨打客户的电话，电话很快接通了。

"陈哥，您好，我是小钟啊，我今天带您看了快乐花园的两居室，您觉得怎么样？"

客户直接说："我再考虑考虑。"

我马上转移话题："陈哥，您是在考虑价格的问题还是其他方面的问题？"

客户开始套近乎："小钟，这套房子现在的价格是多少？"

我说："陈哥，这套房子的最低价格是 43.2 万元。"

你也可以这样说

经纪人："您觉得这套房子怎么样？您觉得什么价格合适？您觉得什么样的装修合适？您觉得什么楼层合适？"

客户："我觉得这套房子还可以，38 万元比较合适，我比较喜欢精装房，最好在 8 楼到 20 楼。"

客户认为我不想告诉他底价，便语气强硬地说："你把房东的底价告诉我，价格合适我就买，不合适我就不买了。"

很多客户都是这样，我做二手房销售这么多年，已经习惯了。

我耐心地说："陈哥，您喜欢这套房子吗？如果您喜欢，我们再谈价格；如果您不喜欢，价格再便宜，您也不会买啊。"

客户不耐烦地说："如果我不喜欢，为什么要问你价格？"

我问："陈哥，您觉得这套房子什么价格合适？"

谈判的时候，谁先出价谁被动。客户不说话，电话那头传来炒菜的声音。

过了 10 多秒，客户用强硬的语气说："我就出 38 万元，你问问房东卖不卖，不卖就算了！"

客户的第一次出价一般都是不可信的。况且，出价这么低，房东根本不可能接受。所以，我必须让客户重新出价。

"陈哥，这个价格太低了，房东不可能卖的。"

我不再说话，看客户怎么回应。

客户不耐烦地说："你先帮我谈谈看，看房东那边最低能降到多少。"

我用无奈的语气说："我给房东打电话，问清楚价格再联系您吧。"

场 景分析

跟进客户的第 1 个电话的目的是了解客户是否喜欢这套房子、能出多少钱，如果客户不喜欢，就马上介绍其他房源。

场景 26　跟进客户的第 2 个电话怎么说

场 景还原

第二天早上 10 点，我拨通了客户的电话："陈哥，我今天早上打电话跟房东聊了 1 个小时，房东每平方米降了 20 多元，现在的总价是 43 万元。"

千万不要这样说

　　"陈哥，这套房子有很多人在看，您不买，就被别人买了。"

　　"陈哥，您考虑得怎么样？再考虑，这套房子就没了。"

　　客户不耐烦地说："房东是不是不想卖房？"

　　一套 40 多万元的房子，才降了 2000 元，客户会接受吗？没有一个客户会接受。但是，这套房子没有多少降价空间，我也没有办法。

　　"陈哥，房东刚开始报 46.8 万元，之前我帮一位客户谈到了 46 万元，后来那个客户不买了。上个月有一个客户谈到了 45 万元。我一直跟房东谈价格，最后才谈到了 43.2 万元。今天早上，我又跟房东谈价格，房东死活不松口，最后好说歹说才降了 2000 元。我没敢说您出 38 万元，房东不可能接受 38 万元这个价格，您重新出个价吧。"

　　客户不耐烦地说："我就出 38 万元，能卖就卖，不能卖就算了。"

　　我还没说话，客户就把电话挂了。

你也可以这样说

　　"陈哥，我千辛万苦谈了一个月，才从 46.8 万元谈到 43.2 万元，房东已经降了 3.6 万元。刚刚跟房东谈了好久，房东才又降了 2000 元，您觉得这套房子什么价格合适呢？"

　　房东的底价是 42 万元，不给中介费。我们要收 3% 的中介费，大概是 1.2 万元。看客户这个情况，估计他是不会给中介费的，如果加上中介费，最少要卖 43.2 万元。我只能先减 2000 元中介费，做一下试探。

　　其实，我在打这个电话之前已经摸清楚客户的脾气了，也知道他会表现得很强硬，但我必须搞清楚他是否喜欢这套房子、能不能加钱，只有这样我才知道接下来应该怎么谈。

　　假设你正在买房，你跟一个经纪人看了一套不错的房子，你非常喜欢这套房子，你会怎么跟经纪人说？

　　你多半会说："小张啊，你帮我跟房东谈谈价格，我还是挺喜欢这套房子的。"你会很客气地对经纪人说话，因为你想让经纪人帮你谈一个更低的价格。

如果你不喜欢这套房子，但经纪人一直在说这套房子有多好，你会以什么态度跟经纪人说话？

你多半会说："你能帮我谈就谈，不能帮我谈，我就找别的中介公司。"

场景分析

跟进客户的第二个电话的目的只有一个，就是让客户加钱。

场景 27　跟进客户的第 3 个电话怎么说

场景还原

下午 4 点，我再次拨通了客户的电话。

"陈哥，我刚刚跟房东谈了 1 个小时，房东又降了 2000 元，现在是 42.8 万元，您能不能加点钱？ 38 万元的价格，房东是不可能卖的。"

> **你也可以这样说**
>
> "陈哥，我跟房东聊了 1 个多小时，房东才降了 2000 元。这套房子的价格从 46.8 万元谈到 42.8 万元，已经降了 4 万元。房东不可能再降价了，如果您真的喜欢这套房子，能不能加点钱？"

客户想了一会儿，说："我加 5000 元，能卖就卖，不能卖就算了。"

"陈哥，您喜不喜欢这套房子？ 如果不喜欢，我就带您去看其他的房子，也不用老打电话烦您了。"我打开天窗说亮话，不想绕圈子了。

"我当然喜欢，如果不喜欢，干吗跟你扯半天？"客户说话的语气变了，带着很诚恳的语气。

我心想，我已经减了 4000 元中介费，我给客户打了 3 个电话，他才加了 5000 元，我真的搞不懂他到底喜不喜欢这套房子。既然搞不懂，我就用诚意金试探一下。

"陈哥，您看这样行吗？您交点诚意金，我帮您去跟房东谈价格。"

"我是不可能交诚意金的。你能帮我谈下来，我就买，谈不下来，我就不买。"客户的态度又是 180 度的大转弯。

我见招拆招："要不这样吧，我再打电话跟房东谈谈价格。如果房东不愿意降价，我就帮您找其他的房源。"

场 景分析

打三个电话跟进客户目的在于摸清楚客户的出价以及客户喜不喜欢这套房子。

可能有的经纪人觉得打三个电话有点麻烦，但是，给客户打第一个、第二个电话时，客户往往不会说实话，或者第一次、第二次的出价都只是为了试探，所以经纪人要打三个电话，反复试探客户喜不喜欢这套房子、愿意出多少钱。

很多新手在碰到这样的客户时会产生很强的挫折感，他们会怀疑自己的能力，怀疑自己的话术有问题，怀疑自己跟进客户的技巧有问题，怀疑自己是不是说错了话、得罪了客户。实际上，如果客户不着急买房或不喜欢这套房子，就算经纪人使用再好的话术和技巧，也无法奏效。

场景 28 如何跟进不着急买房的客户

场 景还原

我不想放弃这个客户，客户之前说喜欢未来花园 68 平方米的两居室，第二天我在公司的房源系统里找了两套未来花园的房子，然后给客户打电话。

"陈哥，我有两套未来花园的 68 平方米的两居室，您有没有兴趣了解一下？"

　　"陈哥，您说您喜欢未来花园的房子，我找到了未来花园目前最便宜的两个房源，您有没有兴趣了解一下？"

"什么情况？具体说说。"客户一听就来了兴趣。

我不紧不慢地说："陈哥，这个户型您都看过了，我就不介绍了。一套在 8 楼，简单装修，总价是 47 万元；一套在 12 楼，全新装修，总价是 49 万元。"

客户有些惊讶地说："什么？47 万元？太贵了！之前卖 43 万元的时候我都没买！"

我心想：43 万元？那不是去年的价格吗？客户从去年看到现在都不买，这充分说明客户根本就不着急买房，纯粹是想捡便宜。

我无奈地说："陈哥，今年的房价一直往上涨，43 万元是去年的价格。除了未来花园，您还有喜欢的小区吗？"

客户接受不了这个价格，我只能给他推荐其他的房源。

"你下次有便宜的房源再联系我吧。"客户说完就把电话挂了。

客户喜欢未来花园的房子，但是出价太低，没有办法成交，再跟进他毫无意义，我把这种客户称为"不着急买房的客户"。

我通常把客户分两类。

第一类的典型代表是之前成交的那位买房投资的女客户。这类客户着急买房，只要看中了，就算刚开始还的价很低，谈到后面也会愿意加钱。而且，这类客户说话的态度比较诚恳。碰到这类客户，我会花几天时间全力以赴地为他们找房源，因为这类客户只要看中了房子就会出手。

第二类的典型代表是这位做厨师的男客户。这类客户不着急买房，看房看了一年甚至更久都不买，而且手上的钱不多，还的价很低，又不肯加钱。碰到这类客户，我手上有了合适的房源就打电话约他们出来看房，如果他们不肯出来，我就等碰到更合适的房源再说。

我刚入行的时候，如果碰到这类客户，早就把他们拉入黑名单了。当时我还太年轻，我觉得这类客户不尊重经纪人，跟进这类客户纯粹是浪费时间。不过，现在的我已经能够很好地应对这类客户了。

过了半个月，我看到公司的房源系统里有一套房子挺不错的，就拿出客户需求表一个一个地看。我突然看到了陈哥，也不知道他买到房子没有，就决定打个电话问问。

"陈哥，您好，我是小钟啊，我之前带您看过房，您现在买到房了吗？"

"没有……你有什么事？"客户用拒人于千里之外的声音说。

我笑呵呵地说："时尚花园有一套两居室，总价是 39 万元，您有没有兴趣了解一下？"

"我不喜欢那个小区，有未来花园的房子，你再给我介绍。"客户说完就把电话挂了。

又过了半个月，我看到网上有一套世外花园的两居室，我又翻看客户需求表，又看到了陈哥。我决定打电话约他看房，连打了两次，他都不接。过了半个小时，我打第三次时，他才接起电话。

"陈哥，现在世外花园有一套非常便宜的两居室，您有没有兴趣？"

"我不喜欢世外花园。"我还没说完，客户就把电话挂了。

我跟进这位客户长达半年，他有时候接我的电话，有时候不接。每和他通一次话，我都会在客户需求表上做记录。所以，我已经非常了解他的需求了。

有一天，同事签了一个独家房源——未来花园 68 平方米的两居室，总价是 51 万元。当时，这套房子是整个小区最便宜的一套。我马上打开客户需求表，一页一页地找想买未来花园房子的客户，我又看到了陈哥，于是马上给他打电话。

"陈哥，您好，我是小钟啊，未来花园有一套 68 平方米的两居室，总价是 51 万元，您要不要过来看一下？"

这次，客户很痛快地答应跟我去看房，因为他知道房价一直在涨，现在不买，以后就只能花更多的钱买同样的房子。

看完房之后，客户说起话来很客气，还价也没有那么狠了。他第一次还的价是 48 万元，后来加到了 49 万元，再后来加到了 49.5 万元，最后以 50 万元成交。

场 景分析

在这个案例中，为什么经纪人最后能顺利成交？因为经纪人一直没有放弃这个客户，只要有合适的房源就打电话约客户看房。

很多经纪人整天想着跟进客户有什么好的话术，如何跟客户聊家常、聊生活、聊兴趣爱好。他们希望在得到客户的信任之后给客户匹配合适的房源，但是，有些客户没有时间和精力跟经纪人聊天。

案例中的经纪人最后一次约陈哥去看房，陈哥想不起他是谁，因为陈哥跟很多经纪人看过房，而且看了一年多。经纪人对陈哥的印象也很模糊，因为只在半年前带他看过一次房。经纪人手上有那么多客户，根本想不起来陈哥，经纪人对他的记忆全部体现在客户需求表上。因此，经纪人跟进客户根本不需要打感情牌，因为客户太多了，经纪人根本没有那么多的时间和精力。

经纪人向客户推荐新房源，客户往往只给经纪人一句话的时间，如果房源不合适，很多客户就会直接挂电话。

总 结

经过多年的历练之后，很多经纪人都会发现自己刚入行的时候太笨了——自己花钱找客户，带客户看完房之后就把客户拉入黑名单，这完全是在浪费自己的钱。

拥有丰富经验的经纪人会使用客户需求表做跟进记录，碰到合适的房源就给客户打电话，客户有兴趣就带他们去看房，没兴趣就算了。只要做好客户管理和跟进记录，就可能实现业绩翻倍。

客户拒绝看房的时候，经纪人不要怀疑自己的话术，不要怀疑自己的技巧，也不要怀疑自己的能力，因为客户可以有一万个理由拒绝跟经纪人去看房。

经纪人只需要说一句话就可以破解客户的防备心理："你好，现在××小区有一套房超级便宜，房东亏了10万元卖，您有没有兴趣了解一下？"

独家委托：怎样绑住客户，如何避免跑单

前面介绍了如何跟进客户，与之同样重要的是如何跟进房东。本章涵盖的场景包括给房东打第一个电话、得到房东的信任、让房东同意配钥匙、获得房东的独家委托、签完独家委托合同之后跟进房东、让房东放心地把房子交给经纪人卖直至最后成交。本章内容可以帮助大家掌握跟进房东的方法和技巧，快速地获得独家委托。

场景 29　争取独家委托的第 1 个电话怎么说

场 景还原

有一天早上，我正在店里打电话跟进房源，突然看到一个有点特别的房源。这套房子的价格不高，很多同事都做了跟进，但房东无法配合开门看房。现在这套房子空着，没有人住，距离登记已经过去了三个月。我一看到这个房源，就觉得很有希望获得独家委托。

我马上给房东打电话，电话很快接通了。

我客气地说："梁姐，您好，我是 ×× 公司的小钟，我在公司的房源系统里看到您有一套山水花园的房子要卖，门牌号是不是 1 栋 1 单元 1001 室？"

"梁姐，今天有一位客户跟我看了这个户型的房子，他指定要买这个户型的房子，我想了解您家房子的情况，您说话方便吗？"

"是的。"电话那头传来女性温柔的声音。

"您家的房子是 87 平方米的小三居吗？"

"是的。"

为了让房东一下子就记住我，也为了展示我的专业程度，我接着说："梁姐，您家的房子是不是一进门就是餐厅，再进去是厨房？"然后，我把客厅是什么样子、卧室是什么样子都描述了一遍。

房东很诧异地问："你是不是看过我家的房子？"

我笑着说："您家的房子我没有看过，不过，这个小区的房子我卖了不少，2 栋 1 单元 901 室是我卖的，1 栋 1 单元 1301 室也是我卖的。这个户型的房子我已经卖了好几套，我手上还有几个客户想买这个户型的房子。我想待会儿带客户去看房，请问您方便吗？"

我就是想要告诉房东，我对这个小区、这个小区的各种户型都很熟悉，我还卖了好多这个小区的房子，我是这个小区的"专业户"，如果你把房子交给我卖，我很快就能卖出去。

很多经纪人在给房东打电话时都会使用同一种话术，我自己也曾经用过这种话术，但我现在非常讨厌这种话术，而且认为这种话术是无效的。什么样的话术呢？

我刚入行的时候在另一家公司工作，新办了几个电话号码，替房东在网上发布房源信息，发完之后就会有很多经纪人给我打电话，他们中的很多人都会使用同样的话术。

10 个经纪人里有 9 个都会这样问我："您家的房子是几栋几单元几号？现在是租出去了还是自住？满二唯一吗？有贷款吗？"

其实，我在发布房源信息的时候写得清清楚楚：目前房子空着，没有人住，看房提前联系就行，没有贷款，满二唯一。他们根本就没有仔细看这些信息，一上来就这样问，所以我一听到这些问题就很不耐烦。

我们可以站在房东的角度考虑一下，如果房东每天接到几十个经纪人的电话，几十个经纪人都这么问，房东会不会很烦？

所以，现在我每次给房东打电话，都会先说有客户想买这个小区的房子。这样一来，房东就愿意好好地跟我说话，多花一点时间跟我聊。接下来，我问房东怎样看房，目的是再次强调我手上有客户想看房，房东自然会告诉我房子目前是自住还是租出去了。

房东无奈地说："看房不是很方便啊，我从家里开车过去要 40 分钟，有点远，房子目前没有人住。"

听到房东这么说，我心里很高兴，因为获得独家委托的机会非常大。

我平静地说："您住得确实有点远，跑一趟来回就得花一个半小时。如果我一天有三个客户看房，您一天就得跑三趟！梁姐，您着不着急卖房？如果着急卖房，老是来回跑也太麻烦了。"

房东说："想卖，但不着急卖，下班的时候顺路的话就可以过去开门配合看房。"

我打第一个电话的目的是让房东记住我这个人，让房东觉得我很专业，我的客户很多。人们常说感情是慢慢培养出来的，其实信任也是一样的。

刚入行的时候，我替房东在网上发布房源信息，有很多经纪人给我打电话，想跟我谈独家委托。我刚接起电话的时候，他们都表现得非常热情，夸自己的公司有多好，问我考不考虑独家委托。我说不考虑，他们的态度就会发生 180 度的大转弯，语气也变得很不耐烦。

我当时是这样想的：你第一次给我打电话，聊了还不到一分钟，我不知道你是谁，为什么要无缘无故地跟你签独家委托合同？就算我不跟你签独家委托合同，你凭什么用这种恶劣的态度跟我说话？

站在房东的角度，这么想是很正常的。因为我有这些经历，所以在后来的工作中我往往能够进行换位思考，这对我的帮助非常大。现在，我第一次给房东打电话时目的只有一个，那就是让房东知道有我这么一个人，我不会提过多的要求。做好这个铺垫，下一步才能获得房东的信任。

既然房东不方便开门，我就想着先让房东配一把钥匙给我，然后慢慢地跟房东谈独家委托。

"梁姐，您家的房子里有没有贵重物品？这个小区有很多房东都给我配了钥匙，我都给他们写了室内物品清单。我就住在这个小区里，随时都能过去给客户开门。而且，有不少客户只有晚上有时间看房，我带他们去看房也很方便。我住在 3 栋 1 单元，去您家房子只需要 2 分钟。"

我告诉她已经有很多房东给我配了钥匙，我自己就住在这个小区，带客户看房很方便，省去了她大老远跑过来开门的麻烦。不知不觉，我们之间的关系就拉近了。

房东有点不情愿地说："房子里有很多的家具、家电，有点不方便啊。"

"我给您写一份清单，把房子里的每一样家具和家电都写上去，包括品牌、型号等信息。如果家具、家电在带客户看房的过程中发生了损坏，我们公司照价赔偿。"

"嗯……我还是考虑考虑吧。"

我很清楚房东多半会拒绝我。我第一次给房东打电话，房东没见过我这个人，可能连我们公司都没听说过，不可能随随便便地把家里的钥匙给我，拒绝我再正常不过了。

我马上转移话题："下午有个客户想看房，您方便过来开门吗？"

房东说："我下午还要上班，开不了门。"

"梁姐，那我现在去找您拿钥匙，看完房就把钥匙给您送回去，您看行吗？"

"到时候再说吧。"房东根本不相信我。看起来，房东是一个非常谨慎的人，不会随便把家里的钥匙给别人。

"梁姐，那我先给客户打电话，问一下客户几点看房，之后再给您打电话约时间吧。"我说完就把电话挂了。

场 景分析

经纪人第一次给房东打电话时，手上一定要有真实的客户，最好是指定买这个小区或这个户型的房子的客户，只有这样房东才愿意跟经纪人继续聊。

如果电话刚接通，经纪人就说"您好，我是××公司的经纪人，您这套房子可以独家委托给我们公司卖吗"，房东多半就不想聊了，有的房东甚至会直接挂电话。现在连看房的客户都没有，房东根本不可能愿意签独家委托合同。

场景 30　争取独家委托的第 2 个电话怎么说

场景还原

下午 3 点，我再次给房东打电话，电话很快接通了。

"梁姐，今晚我带一个客户去看这个小区的其他房子，您今晚 7 点钟有空开门吗？我想带客户去看您家的房子，这个客户诚心买房。"

打第一个电话的时候，我通过声音判断房东的年龄大概是 30 岁。在本地，这个年龄的女性多半已经成家甚至生孩子了。她下班之后可能要接孩子回家，还要做饭、辅导孩子写作业，事情肯定特别多。所以，她在晚上 7 点是不可能有空的。晚上 7 点已经天黑了，让一个女人出门开 40 分钟的车给客户开门，这个要求其实有点过分，而且她自己也会感到不太安全，所以她一定会拒绝我。

果然，房东说："如果是 6 点还行，我那会儿刚下班，可以顺便过去，7 点就太晚了。"

我叹了口气，说："客户 6 点半才下班，来到小区刚好 7 点。这位客户诚心买房，我已经带她看一个多月的房了。梁姐，您在哪里上班，为什么这个时间下班呢？"

"我在银行上班，上班比较忙，所以这套房子卖了三个月都卖不出去。"

房东没时间过来开门，上班又比较忙，这正是我拿下独家委托的好机会。我有点兴奋，但不能表现出来。我用平静的语气说："梁姐，您在银行上班，有时候接电话不方便，又没空过来开门。我有一个好办法能帮您解决这个问题，您想听听吗？"

房东问："有什么好办法？"

我先让房东产生兴趣，再跟她谈独家委托的事情。

"梁姐，您听说过独家委托吗？"

"别的经纪人跟我提过，但我不想搞得太麻烦。做了独家委托之后，就不能给其他中介卖了。"

"梁姐，做了独家委托之后，房子就能更快地卖出去，而且成交的价格更高。我们刚签了一个独家房源，不到一个星期就卖出去了，也是这个小区的。"

"能这么快吗？"房东有些不相信。

我清了清嗓子，说："我们经理特别厉害，他是这个小区的'专业户'，他今年已经卖了六七套这个小区的房子。还有，我的同事小李也卖了五六套这个小区的房子，他们两个的客户都比较多。我们公司每年都卖二三十套这个小区的房子，3 栋 3 单元 501 室是我们上个月卖出去的，2 栋 1 单元 802 室是我们上个星期卖出去的。这个小区是我们公司的主推楼盘，这个小区的房子有一半都是我们公司卖出去的。我们手上有很多客户都想买这个小区的房子。"

我接着说："上一次，4 栋 1 单元 603 室的房东把房子委托了另一家公司，卖了三个月都卖不出去。后来，他把房子独家委托给我们公司，我们带了几个客户去看房，有一个客户看中了这套房子，当场就交了定金。我们公司只卖附近这几个小区的房子，我们的客户基本上只看这几个小区的房子，所以成交速度非常快。"

你也可以这样说

假设你们公司有 500 名员工，你可以这样跟房东介绍网络广告。

"梁姐，现在客户找房源都是在网上找。我们公司有 500 个人，每个人帮你发一条，就有 500 条信息。客户在网上搜索这个小区的房源，就会出来 500 条您家房子的信息，只要客户想买这个小区的房子，就会看到您家房子的广告。您想一想，这样是不是成交很快？"

"梁姐，我们每个人每个月都要给打广告的网络账号充几百块钱，一个人每年花的网络广告费就有几千块钱。这些钱不是公司出的，而是我们自己出的。如果不是独家房源，我们就不会大量地打广告，毕竟花的都是我们自己的血汗钱。"

接下来就可以讲成交的例子了。

"梁姐，这个小区有一套房子的户型跟您的房子一样，上个月房东跟我们签了独家委托合同，一个星期就卖出去了。"

"其实，网上的客户是所有中介公司共享的。很多客户非常聪明，跟我们看完房，然后通过别的中介公司跟房东谈价格。这个中介公司谈完价格之后，其他中介公司再去谈价格，一大堆中介公司都去跟房东谈价格，您说烦不烦？其实真正买房的客户只有一个，这么多家中介公司跟房东软磨硬泡，房东能扛得住吗？如果您跟我们公司签独家委托合同，客户找其他中介公司也没有用，我们能控制价格，就能控制客户，就能让客户下单。"

"梁姐，其实签独家委托合同对您来说是一件好事。第一，没有其他中介公司打电话骚扰您；第二，您还能卖个好价格。"

房东想了想，说："我再考虑考虑吧。"这说明房东可能不是很着急卖房，也可能是她对独家委托还不了解。

场 景分析

经纪人给房东打第二个电话时一定要强调自己公司是这个小区的"专业户"，跟房东说这个小区的哪些房子是自己公司卖出去的。

经纪人要在房东面前证明自己或自己公司有足够的能力把他的房子卖出去，只有这样房东才愿意继续聊下去。

场景 31 争取独家委托的第 3 个电话怎么说

第二天早上 10 点，我又给房东打了一个电话，电话很快接通了。"梁姐，有一个客户想现在看房，您有时间过来开门吗？"

"中午 12 点可以吗？"

"我先打电话问问客户，看看客户中午有没有时间。"我说完就把电话挂了。

我手上有几位不着急买房的客户，我已经带他们看了一年多的房。他们只看不买，但随叫随到。即便如此，我也不断地约他们出来看房，万一他们看中了哪套房子，就会有成交的机会。所以，不管新出来的房源是好的还是一般的，我都会约他们出来看房，让他们陪我跑跑盘也是好的。

客户希望在中午看房，但这个时间房东正在上班，无法过来开门。房东知道这个情况后会产生一种感觉：因为总是没有时间过去开门，所以肯定错过了很多成交的机会。我每次给她打电话都说有客户想看房，就是要让她知道我手上有好多客户都想买房，我也是诚心诚意为她服务的。只有获得房东的信任，先让她同意给我配一把钥匙，我才有机会跟她谈独家委托。

过了 5 分钟，我又给房东打电话："梁姐，客户中午没有时间，到了下午才有时间。您工作太忙了，总是没有时间过来开门。我建议您给我配一把钥匙，这样您就省心多了。经常有客户想看房，但您总是没时间过来开门，这样是很难把房子卖出去的。咱们约个时间去一趟您的房子，清点一下家具、家电，我写一份详细的清单给您。如果在带客户看房的过程中家具、家电发生损坏，我们公司照价赔偿，您完全没有后顾之忧。"

"嗯……我跟老公商量商量，再给你打电话吧。"房东的语气缓和了很多。

"好的。"我心想，八字终于有一撇了。

你也可以这样说

假设你们公司有500名员工，你可以这样跟房东介绍路边广告。

"梁姐，上次有一位房东跟您住同一个小区，他的房子在网上卖了半年都卖不出去，跟我们公司签了独家委托合同后半个月就卖出去了，那位客户就是看到了我们在路边公告栏贴的房源信息。"

"我们公司每天都有同事去路边公告栏贴房源信息，就算每天有30个同事去贴，每个人每天贴30张，一天就是900张。买这个小区房子的客户，一般都在附近上班或在附近住，还有一些原先是租户，挣到钱了想买这里的房子。他们在附近住习惯了，所以才想买这个小区的房子。"

接下来就可以讲成交的例子了。

"梁姐，我刚刚说的这个房东叫老陈，是开工厂的，您认识吗？戴一副眼镜，高高瘦瘦的。他把房子委托给很多中介公司卖，就是卖不出去。每天都有很多经纪人给他打电话，老是跟他谈价格，他都快烦死了。他平时比较忙，没有空接电话。于是，他干脆独家委托我们帮他卖，才半个月就卖出去了，那个客户就是在路边公告栏看到了我们公司的房源信息。我们公司规定，只有签了独家委托合同的房源，我们才会大力推广，包括在路边公告栏贴房源信息。"

场 景分析

经纪人跟房东谈独家委托之前，一定要让房东知道自己有很多客户，自己有能力在短时间内把这套房子卖出去，否则房东很难同意签独家委托合同。

场景 32 争取独家委托的第 4 个电话怎么说

下午 3 点，我又给房东打电话："梁姐，刚刚又有一个客户打电话约我看房，您有没有时间开门？"

"我正在上班，等下班之后，我去你们公司看看吧。你们公司在什么位置？"电话那头传来嘈杂的声音。

"您的电话号码是您的微信号吗？我加您的微信，把位置发给您。"

"我的电话号码就是我的微信号，你现在加我吧。"

"好的。"加了房东的微信之后，我就给她发了一个位置。

下午 6 点 30 分，房东到了我们公司，她发现我们公司是一家小公司，门店只有 30 多平方米，总共就七八个业务员。她皱起了眉头，这说明她对我们公司不满意。

我安排房东坐在接待区的小圆桌旁，给她倒了一杯水。我转身从钥匙箱里拿了一大串钥匙，跟她说这些都是这个小区房源的钥匙。她看着这串钥匙，愣了一下。

我说："梁姐，这个小区有很多房东都把钥匙放到了我们公司。我们公司经营这个小区已经很多年了，这个小区 60% 以上的房子都是我们公司卖出去的。"

我手上拿的那一大串钥匙里有一些是正在出租的房子的钥匙，有一些是正在出售的房子的钥匙。有时候，我会把这些钥匙拿出来给房东和客户看，好让他们知道我们公司有非常多的房源。

为什么要这么做呢？因为人们都有从众心理。我记得有社会学家做过这样一个实验，参加这个实验的人和一大群实际上是演员的人站在路口，那些演员都无视红灯，直接过马路。参加这个实验的人本来想等绿灯，但为了不让自己显得很另类，他也会跟着其他人闯红灯。这就是从众心理。

这一大串钥匙可以告诉房东：这个小区所有想卖房的房东都把钥匙放在我们公司，他们对我们公司非常信任，所以把钥匙放到我们公司是非常安全的。只要让房东产生这种印象，后面的工作就好做了。

房东微微点了点头，但是没有说话。我一直留意房东的表情，怕房东连钥匙都不给我配，见房东点头便连忙说："梁姐，我们先过去看房，我给您写一份详细的清单。"

房东站起来说："走吧，先去看房，一会儿我还要回家做饭呢。"我马上起身并快速地拿上一份钥匙委托书、一份室内物品清单、一份独家委托合同和公司的印章。

小区就在公司的附近，走路过去大概只需要 3 分钟。路上，我通过眼角的余光观察房东的表情，房东脸上的表情舒展了很多，这说明她愿意把钥匙放到我们公司。下一步，我要想办法让她同意签独家委托合同。

你也可以这样说

假设你们公司有 500 名员工，你可以这样跟房东介绍发传单。

"梁姐，发传单是最简单、最有效的找客户的方法，我们公司经常发传单。我们会挑一些比较便宜的房源，特别是独家房源，用 A4 纸把房源信息打印出来在小区附近发，效果非常好。"

"买这个小区房子的客户一般都在附近住，所以我们会在附近的菜市场发传单，发给每一个摊位的摊主，还有附近的小商铺。我们会在超市门口、银行门口发传单，放学时还会到附近的学校门口发传单，有很多家长会为了孩子入学而买房。"

接下来就可以讲成交的例子了。

"梁姐，就在昨天，公司另外一个分店的同事在学校附近发传单，有一个客户看中了传单上的一套房子，这套房子靠近学校，客户买这套房子就是为了孩子入学。他之前住在另外一个小区，上下学接送孩子不方便，每天都要花 1 个小时接送小孩。这套房子就在学校旁边，孩子去学校不经过红绿灯，自己就可以上学、放学。客户看了之后非常满意，第二天就成交了！我们会根据房子的卖点打广告，这样成交比较快。"

前面打的三个电话做好了铺垫，经纪人都说有客户看房，而房东没空过来开门。房东对经纪人有了一定的了解，知道经纪人确实有很多客户。

经纪人给房东打第四个电话时一定要说钥匙的事情，强调经常有客户要看房，但房东没法过来开门，总是看不成。这时房东一般都会想办法过来开门或给经纪人钥匙。

场景 33　如何说明签独家委托合同的三个好处

场 景还原

我一边走一边问："梁姐，其他经纪人跟您谈过独家委托吗？"

"有几位经纪人跟我谈过，但是我没签。"

"为什么呢？"

"我怕签了之后只能给一家中介公司卖，万一卖不出去怎么办？"

我点点头，说："梁姐，您这个想法也有道理，独家委托有利也有弊，但是，以您的情况来说，利大于弊。"房东转过头，一脸不解地看着我。

我自信满满地说："独家委托的第一个好处是防止其他经纪人打电话骚扰您。您在银行上班，有时候正在开会或接待客户，不方便接电话，经纪人打不通您的电话，您可能就会错过成交的机会。签了独家委托合同之后，您就可以省去很多的麻烦。现在给您打电话的以经纪人居多，对吧？ 100个电话有 99 个是经纪人打过来的。而且，他们手上都没有实实在在想买您这套房子的客户。他们是不是都问您同样的问题——房子卖出去没有？现在什么价格？证满几年了？"

房东惊讶地看着我，问："小钟，你是怎么知道的？"

我笑了笑，说："我干这一行已经好些年了。每一位房东都会遇到这样的情况。独家委托的第一个好处就是防止其他经纪人打电话骚扰您。您把房子独家委托给我们，我们就会把您的电话号码屏蔽，只有我跟您单线联系。如果我的同事想带客户去看房或者了解房子的信息，他们就会给我打电话，不会打给您。"

房东微微点了点头，继续往前走。刚才房东在认真地听我说话，我最好把独家委托的好处一口气说完。之后，我看看房东的反应如何，再做下一步的打算。

"梁姐，独家委托的第二个好处是能把房子卖个好价钱。"房东看了看我，意思是让我继续说。

"梁姐，现在70%的客户都是网络客户，他们都非常精明，跟一家中介公司看完房之后就让经纪人去谈价格。他们还会找第二家中介公司带他们去看房，然后让这家中介公司的经纪人帮他们谈价格，后面很可能还会找第三家、第四家。到最后，有很多家中介公司都在帮他谈价格，您觉得您能扛得住这么多中介公司的软磨硬泡吗？这些中介公司里都有经验丰富的经纪人，他们都经过专业的培训，都是谈价格的好手。"

房东摇了摇头，坚定地说："我就一个价格净收，不管他们怎么说，我都不降价。"

我也摇了摇头，说："梁姐，不瞒您说，每一个房东都会这么说，但最后能做到的几乎没有。您看，我的口才其实不是很好，但是整个市里有几千个经纪人，其中一些经纪人干了很多年头，砍价对他们来说就是家常便饭。他们天天打电话跟您谈价格，您烦不烦？有些经纪人会堵在您单位门口，等您下班的时候跟您谈价格；还有一些经纪人会跑到您的家里跟您谈价格，他们会想尽一切办法跟您谈价格。绝大部分房东根本经不住这种软磨硬泡，不知不觉地就把价格降了下来。梁姐，您觉得您能扛得住吗？"

房东皱着眉头问："小钟，你也是这样谈价格的吗？"

我笑了笑，没有正面回答她的问题，而是说："梁姐，现在大部分客户都是网络客户，他们会通过多种渠道获得房源信息。只要看中了您家的房子，他们就会找多家中介公司去跟您谈价格。如果您把房子独家委托给我们公司，客户就只能找我们公司买。"

客户的表情没有什么变化，可能是因为我说得不够具体。我想了一下，决定换一种方法跟客户说。

"梁姐，打个比方，您去商场买衣服，在一家店里看中了一件衣服，但这件衣服的价格是1万元，实在太贵了。如果这家店不打折，您肯定会去其他店里转转，看看有没有同款的衣服，对不对？如果其他店里没有同款的衣服，而您又特别喜欢这件衣服，您会不会回到这家店买？这就是独家委托的好处。"

房东点了点头，但没有说话。

"梁姐，如果好多家服装店都有这件衣服，您会不会对比每一家店的价格，看哪家便宜就去哪家买？"

"肯定是哪家便宜就去哪家买啊！"房东说。

我笑了笑，说："梁姐，买房也是一样的道理。客户看哪家中介公司的报价低，就去哪家买。客户会通过多家中介公司跟您谈价格，您想不降价都难。"

房东愣了一下，但只是一瞬间，然后问："小钟，你们公司只有几个人，什么时候才能卖出去？"

这个问题很难回答，如果我说一个月之内，她可能会说把房子独家委托给我们公司也行，但只给我一个月时间。这套房子的价格只是一个普通的市场价，哪有这么好卖？

我只好回答："梁姐，这就是独家委托的第三个好处——能快速地把房子卖出去。"房东一脸疑惑地看着我。

我挺直了胸脯，信心满满地说："梁姐，我们公司深耕这个小区已经五年了，积累了五年的客户，我们公司的大部分客户都想买这个小区的房子。我们公司在网上发布的很多房源都是这个小区的，虽然我们公司的人不多，但只要客户在网上找这个小区的房子，就会看到我们发布的信息，所以您不用担心客户的问题。我们公司每个人一年下来广告费就要花五六千元，一个门店10个人，一年在这个小区就要花五六万元的广告费，您觉得我们会没有客户吗？一个人在一个网站上可以发40条房源信息，就算只有20条是这个小区的，10个人就能发200条。在这个小区，我们公司的房源最多，小区里的很多业主都知道我们公司，都委托我们公司出租或者销售房子。只要客户想买这个小区的房子，不管他们之前看的是哪家的房子，我们都会推荐客户去看您家的房子。毕竟，独家房源才是我们公司的主推房源。梁姐，您想想，成交速度能不快吗？"

房东微微点了点头，但是脸上的表情没有变化。

我继续说："以前中介公司经常在路边大量地贴小广告，但现在已经不贴了，因为一旦被抓住，就要交罚款。现在，我们会在一些专门设置的广告栏贴广告。不过，有时候我们刚贴上去，其他公司的经纪人就会把广告撕掉。所以，我们经常过去检查，如果有人把广告撕了，就重新贴上去。上个月有一个客户在广告栏上看到了我们贴的广告，当天就约我的同事看房，第二天就交了定金，这套房子就是独家房源。只有独家房源，我们才会不遗余力地打广告。"

房东点了点头，说："你们的确不容易。"

我笑了笑，说："梁姐，我们成交的很多单子都是通过传单找到客户的，因为有一部分客户不怎么上网，特别是上了年纪的客户。我们会给附近做小买卖的人发传单，因为他们没有太多时间上网；我们会给菜市场里的摊贩发传单，因为他们也没什么时间上网；我们还会给小区附近学校门口的家长发传单，因为好些家长都很关注学区房。这些客户成交的可能性都是比较高的。前两个月，我们通过四处发传单卖出去两套房子，这两套房子都是独家房源。只有独家房源，我们才会大力地做推广。"

房东刚到我们公司的时候眉头紧皱，后来脸上的表情慢慢地放松了，现在已经愿意跟我有一句没一句地聊天了。我知道房东刚开始为什么不信任我，因为她见我们公司只是一家只有几个人的小公司，担心我们猴年马月才能把她的房子卖出去。这个时候，我跟房东吹嘘我们公司的实力如何强大是没有任何说服力的，所以我干脆跟房东说我们是怎么打广告的，打什么样的广告，我们通过哪些渠道找客户。

听了这些话之后，只要是稍有社会阅历的人，就会认识到我们做了这些工作之后的确可以加快成交速度。通过这些话术，我逐渐地获得了房东的信任。

我说："梁姐，我们还经常在微信朋友圈发布房源信息。我卖这个小区的房子已经好几年了，积累了很多客户，也加了很多客户的微信。上个星期，我的同事在微信朋友圈发布了一条房源信息，很快就成交了，那个客户的微信是他去年加的。但是，我们不会频繁地发，否则很快就会被客户拉黑。只有碰到特别便宜的房源或独家房源，我们才会帮房东在微信朋友圈打广告。"

你也可以这样说

假设你们公司有 500 名员工，你可以这样跟房东介绍微信广告。

"梁姐，现在是微信时代，人人都有微信，微信推广非常管用。微信广告的力量非常大，所以我们公司非常看重微信广告。"

"我们公司有 500 个人，假设每个人的微信上有 1000 个好友，如果我们公司的员工全都把您家房子的广告发到微信朋友圈，500 个人同时发，每个人有 1000 个好友，就有 50 万人看见您家房子的广告。我们公司的很多房源都是在微信朋友圈被'秒杀'的，这些微信上的好友全都是我们的朋友或客户，都是认识的人，成交率非常高。就算每个人的微信上没有 1000 个好友，也有 500 个好友，500 个人各有 500 个好友，就是 25 万人。"

"我们公司的房源系统里面有几万个房源，我们不可能把每个房源都发到朋友圈里，如果每个都发，很多客户就会屏蔽我们的朋友圈。所以，我们会挑一些比较便宜的房源或跟我们签了独家委托合同的房源发到朋友圈里。"

接下来可以开始讲成交的例子了。

"梁姐，××小区有一套一楼的房子，房东委托很多中介公司去卖，花了 3 个月都卖不出去，因为很多人都不喜欢一楼，嫌蚊子多、潮湿。这套房子的装修也不好，里面比较脏乱。房东跟我们签了独家委托合同之后，我们公司早上开完会，大家统一发微信朋友圈，大概 10 点钟左右，一位同事的亲戚看到他发的广告，就在微信上问他。结果，去看房的时候才知道，这位客户住在二楼，这套房子正好在他家楼下。"

"您说，这是不是缘分？客户在附近开百货店，想在这个小区买一套一楼的房子作为仓库，不在乎装修，而且一楼还有一个小花园，可以种一些花花草草。客户看完房当场就交了定金！很多时候成交也是靠缘分的！梁姐，您觉得对不对？"

"不把房子独家委托给你们，你们就不给打广告？"房东问。

我叹了口气，说："梁姐，不是独家委托的房源，我们很难控制，我们也没有办法控制客户。就算我们做了很多工作，到最后也都是浪费时间。上个月，有一个房东找我们公司卖房子，他说他很着急，叫我们快点帮他找客户。我们公司所有的人都帮他打了好多广告，也找了好多客户过去看房，好不容易找到一位诚心买房的客户。我们跟客户谈了整整一个星期，客户好不容易才把价格加了上来，房东突然说不想卖了。我们花了整整一个月帮他打广告，帮他找客户，帮他做客户那边的工作，他一句话就不卖了，这不是逗我们玩吗？我们所有人都白忙了。每个人花的广告费加上人力、物力等各个方面的开销，一个月下来要 2000 元左右，公司还要支出房租、水电费，一个月也要 1 万多元，一个月下来的总开销得好几万元。房东突然说不卖了，我们公司就得损失一大笔钱。其实，我们做中介的也有难处啊！"

房东紧皱眉头，可能在思考独家委托的利弊。

我刚才说了一大堆话，估计她一下子消化不了，我还是要反复强调独家委托的好处。

我说："梁姐，我刚才说了独家委托的三个好处，您还记得吗？"

"哪三个好处来着？"房东果然不记得了。

"第一，没有其他经纪人打电话骚扰您；第二，能把房子卖个好价钱；

第三，能快速地把房子卖出去。"

房东还是紧皱眉头不说话。她在银行上班，应该是一个精打细算的人，肯定在考虑把房子独家委托给我们公司能给她带来什么好处，可能会有什么坏处。我不再说话，以免打断她的思路。

你也可以这样说

现在的中介公司门口都贴满了房源广告，这些都是比较便宜、能吸引客户进店的房源。在店门口展示特定的房源也算是一种推广，经纪人可以这样跟房东说：

"梁姐，每天经过我们店的人，没有500个，也有300个。在店门口给您家的房子打广告，是不是会有很多人看到您家的房子？在店门口展示的房源，就像饭店里的招牌菜，大部分人都喜欢点饭店的招牌菜。不过，只有签了独家委托合同的房源，我们才会放在店门口展示。"

到了她家的房子以后，她坐在沙发上，我拿着清单去清点家具、家电。写好清单之后，我坐在她的斜对面，把清单递给她，她看得很仔细。看完之后，她把清单放到了茶几上。我见她脸上仍然是一副不太放心的表情，就很快地想了一下如何消除她的顾虑。

我笑着说："梁姐，家具、家电要不要重新清点一遍？我怕我写漏了。"房东站起来，说："好。"我跟着她，从厨房开始一样一样地清点。只要她提出疑问，我就详细解释，比如，家电的型号是从哪里抄的。每一件物品，她都要核对，看得出来她做事非常谨慎。我们花了大概15分钟，清点完了所有的家具、家电。我们回到客厅，坐到沙发上，我拿出笔和印泥，让房东先签钥匙委托书，心想等她签完字、按完手印再跟她说独家委托的事情。我担心万一她不同意独家委托，连钥匙委托书也不签了。

我说："梁姐，您跟我们公司签了独家委托合同后，我们公司就按照您的报价去卖，绝对不会少一分钱。如果成交的价格高于您的报价，多卖的每一分钱都是您的，何乐而不为呢？现在的客户随时都会改变主意，上个星期我们好不容易和一个客户谈好价格，但房东没有空过来收定金。因为这套房子不是独家房源，所以我们也收不了定金，客户就回家了。客户跟家人商量之后，决定不买了，我们所有的工作都白做了。如果当时有独家委托合同在手里，我们就可以直接收客户的定金，不给客户反悔的机会。您看，把房子独家委托给我们之后，成交速度就会加快。"

"跟你们签了独家委托合同后，万一你们卖不出去怎么办？"房东问。

我不知道房东问这个问题的目的是什么，于是试探性地问："如果到时卖不出去，您觉得会怎么样？"

房东瞪着我说："我又不是做中介的，我哪里知道？你们起码要给我一些保障，给我一些信心啊！"

听到房东这么说，我知道房东已经动心了，于是说："梁姐，您有这样的顾虑也是正常的，每个房东都会有这样的顾虑。这样吧，我们公司有一种操作方式，公司可以给您几百元的保证金。当然，和房子的总价比起来，这点保证金不算什么。不过，如果我们在约定的时间内卖不出去您的房子，这个保证金就归您了。"

房东问："保证金是多少？独家委托合同一般签多长时间？"

我不慌不忙地说："梁姐，独家委托合同一般签 3 个月，保证金是 500 元。这 500 元对您来说真的不算什么，但对我们来说是一种诚意的体现。卖房子不是什么开玩笑的事情，我刚才跟您说了，您把房子独家委托给我们之后，我们会做很多工作，也会产生很多成本，包括各种广告支出，如果我们卖不出去，损失的不光是 500 元保证金，很可能是几万元。您这边反而没有什么损失，只是房子晚一点卖出去而已。其实，我们比您还想尽快地把房子卖出去，因为只有这样我们才能尽快地收取佣金啊。"

房东微微点了点头，说："小钟，你有独家委托合同吗？给我看看吧。"我从文件袋里拿出一份独家委托合同给房东，房东认真地看了每一个条款，一边看一边问我具体的意思。房东每提出一个问题，我就详细地解答一番。就这样，看完一份独家委托合同足足花了 20 分钟。

房东说："我跟你们公司签一个月吧，但是你们要给我 500 元保证金。

我是见你人特别老实才跟你签的。如果是别的经纪人，我才不会签。"

我一边摇头一边说："梁姐，一个月太短了，公司的领导是不会同意的。主要问题在于您的报价是 50 万元，这个价格有点高了。我们前两个星期刚卖出去一套户型相同的房子，总价才 47 万元。您这套房子以这个价格在一个月之内卖出去是非常困难的。这套房子已经在网上卖了 3 个月，肯定有很多中介公司给您打过电话，但问一下价格就没有下文了，对不对？其实，现在真正诚心买房的客户并不多。"

房东靠着沙发想事情，我也不说话，静静地等着房东的回复。签独家委托合同不是目的，在约定的时间内把房子卖出去才是最重要的。随随便便地把独家委托合同签了既是对房东的不负责任，也是对公司的不负责任。

大概过了 30 秒，房东叹了口气，说："小钟，我最多只能给你两个月，因为时间拖得太长就耽误我卖房了。"

我用为难的语气说："您稍等，我打电话问问经理，看他同不同意。"

我走到阳台，给经理打了一个电话。经理回复了一句话"签两个半月"，就把电话挂了。经理和别人谈判时有一个习惯——永远给自己留足够的筹码，他担心答应得太快，房东就会讨价还价或反悔。一分钟后，我回到客厅，坐到了沙发上。

我无可奈何地说："我们经理说签两个半月，因为您的报价确实有点高。"

"我给你们两个月，你们要签就签，不签就算了。"房东用坚决的语气说。

经理提前做了"卡位"是对的，如果房东能签两个半月，那是最好不过了；如果房东不肯，我们还有讨价还价的余地。从房东的角度来说，我们这边答应签两个月，她会产生一种成就感，她会认为自己通过谈判拿到了自己想要的东西。

我用无奈的语气说："好吧，我再给经理打个电话问问。"

我又拿出手机走到阳台，给经理打电话。大概过了一分钟之后，我又回到客厅，坐在沙发上。我说："梁姐，我好不容易才说服了经理，他同意签两个月。您先签字、按手印吧，我叫经理通过微信把保证金转给我，我再转给您。"

折腾了这么久，总算把独家委托合同签完了，也把保证金交给了房东。很多经纪人觉得把独家委托合同签下来之后就大功告成了，但这只是刚刚开始而已，把房子卖出去才是最重要的。

场 景分析

经纪人跟房东谈独家委托要有计划，要一步一步地跟房东谈，第一个电话要让房东知道自己，第二个电话要让房东认可自己，第三个电话要让房东相信自己。

只有让房东觉得自己真的有能力把他的房卖出去，而且能卖个好价格，房东才会愿意签独家委托合同。如果经纪人在小的中介公司工作，就要多强调自己对这个小区非常熟悉，只卖这个小区的房子，而且卖了很多；如果经纪人在大的中介公司工作，就要多强调自己公司的员工很多、专业性很强。

场景 34　如何跟进房东

场 景还原

回到公司之后，我马上在各个网站发布房源信息，还给这个房源做了置顶。50 万元的价格算是市场价，没有什么优势。就算有客户看中了这套房子，也肯定会讨价还价，所以房东特意叮嘱我把报价提高到 52 万元。

一个星期过去了，我接到了几个客户的电话，但他们只是询问一下价格，一个看房的客户都没有，我感到非常郁闷。

在此期间，我没有给房东打过电话。有一天，房东突然打来电话。

"小钟，这几天有没有客户看房？房子看得怎么样了？"

我想到这几天有几个同事带他们的客户看了这套房子，就对房东说："这几天，我的几个同事带了4个客户去看您家的房子。昨天有个客户看上了您家的房子，但还价45万元，我觉得这个价格太低了，就没有给您打电话。客户在酒吧上班，睡到下午才起床。等下午3点之后，我让同事给那个客户打个电话。等我问清楚客户的情况之后，再给您回复吧。"我跟房东聊了一会儿就把电话挂了。

等到下午3点，我问同事那个客户怎么样了，同事说："客户加了5000元，现在的出价是45.5万元。"

很明显，房东的报价太高了，我得想办法跟房东谈谈价格。我想了一下待会儿应该怎么说，然后拨通了房东的电话。

我用无奈的语气说："梁姐，我的同事刚刚给客户打了电话，客户比较喜欢您家的房子。同事跟客户聊了10多分钟，客户加了5000元，现在的出价是45.5万元。梁姐，您觉得这个价格怎么样？"

房东说："这个价格太低了，你让他加钱吧，不肯加钱就算了。"

我连忙说："晚上我再让同事给客户打个电话，看看这个客户肯不肯加钱，不肯加钱就算了。下午4点还有一个客户看房，我尽量帮您谈个好价格。"

晚上8点，我接到了房东的电话。

房东问："小钟，下午4点的客户看房看得怎么样？"

我不慌不忙地说："客户看完之后说要考虑考虑，我还没来得及打电话跟进客户。明天早上我再打电话跟进一下，看看客户考虑得怎么样。"

挂了电话，我开始思考房东为什么老是打电话问我客户看房看得怎么样，我觉得房东很可能着急了。如果是这样，我得先把价格谈下来。这套房子现在的报价是50万元，根本没有客户打电话约我看房。

第二天早上，同事带着一位客户去看这套房子，还拍了一个小视频，他把小视频发到了公司的微信群里。我马上把小视频转发给房东，并给房东留言："同事带客户看了房，晚上跟进客户之后再给您回复。"

我之前跟所有的同事都打了招呼，只要带客户看这套房子，就拍一个小视频，并把小视频发到公司的微信群里。我可以时不时地把小视频转发给房东，向房东汇报工作，证明我们确实带客户去看了她家的房子。

中午，我又给房东发了一个小视频，告诉房东有个客户看房，我跟进客户之后再详细说明情况。下午，我又给房东发了一个小视频，告诉房东有个客户出 42 万元，价格实在太低了，同事正在跟客户谈价格，房东给我发了一个笑脸的表情。

又过了一天，仍然没有客户打电话约我看房。这样下去的话，这套房子是很难在两个月内卖出去的。既然房东把房子交给我卖，我就要对得起房东的信任，我必须有所行动了。

又过了一天，置顶已经到期了，我打算继续做置顶。网站页面显示置顶费用是 200 元，我顺便拍了一张照片发给房东，告诉房东"我前几天花了 200 元做房源信息置顶，现在已经到期了，我继续花钱做置顶"，房东发了一个"辛苦了"的表情。

说来奇怪，这么长时间了，没有一个客户找我看这套房子。我继续给房东发小视频，告诉房东有两个同事带客户去看了她家的房子，两个客户的出价分别是 44 万元和 45 万元。

房东在微信上问我："小钟，我的报价是不是太高了？"

这个问题其实不太好回答，如果我说这套房子可以卖 50 万元，我就很难找到客户；如果我说这套房子只能卖 46 万元，房东肯定不高兴，她可能会联系其他中介公司。

我回复房东："现在的行情不是很好，我们公司前两天卖出去一套户型相同的房子，价格是 46 万元。我的同事带了很多客户去看您家的房子，客户都说价格有点高，接受不了。"

房东很快回复我："我降 2 万元，你可以报 48 万元，请尽快帮我找客户吧。"

房东终于松口了，我赶紧回复房东："好的，我帮您改一下价格。我尽量帮您多打一点广告，用最快的速度把房子卖出去。现在的报价是 48 万元，但是客户看中了之后很可能还会谈价格，最后的成交价也许是 46 万元。"

房东回复："你先报 50 万元，客户看中了再说。"

我回复了一个 OK 的表情。平时，我想尽一切办法去跟房东谈价格，很多房东死活都不肯降价。现在，我还没开口跟房东谈价格，房东就主动降了 2 万元。我在微信朋友圈里发了这套房子的信息，报价是 50 万元，有几个朋友和客户在下面评论，问我什么时候可以看房、最低多少钱等。我一一回复，并把这些信息截图发给房东，房东给我发了一个点赞的表情。

又过了几天，还是没有客户看房，我感到很郁闷，心想：是房源有问题还是我做的广告不给力？我能不能做点其他广告呢？

我用 A4 纸打印了一些广告，把这些广告贴到了小区附近的广告栏。我贴完之后拍了几张照片发给房东，告诉房东"今天我去小区附近的广告栏贴广告了"，房东又给我点赞。

贴完广告，回到公司不到半个小时，我就接到了两个客户的电话。他们都问我这套房子的情况，但都只是了解价格，没有约我看房。一个小时之后，我去检查广告栏，发现广告都被撕掉了。我回公司打印了一些广告，重新贴到广告栏上，完了又拍了一个小视频发给房东，告诉房东"之前的广告被其他人撕掉了，我现在重新贴上去"。

这一个月以来，没有一个客户约我看这套房子，反倒是我的同事带着几个客户去看了这套房子，这种情况实在太少见了。刚想到这里，我的手机就响了，有个客户说要看房。

场 景分析

经纪人要通过照片和视频让房东知道有哪些客户看了房，客户出了什么价格，客户的心态怎么样，自己跟进客户有什么结果，自己打了哪些广告、花了多少钱、想了哪些办法。

不管是独家委托的房源还是其他房源，经纪人都要让房东知道有客户在看房，自己正在为他的房子操心，只有这样房东才会安心地把房子交给经纪人去卖。

经纪人让房东知道自己付出了很多努力，得到房东的信任之后，在成交阶段跟房东谈价格就会比较容易。

如果经纪人跟房东签了独家委托合同之后，一个月都没给房东打过一个电话，也没有告诉房东有客户看房，房东就会认为经纪人对他的房子根本不上心，很可能会联系别的中介公司，委托别的经纪人帮他卖房。

场景 35　客户想跑单，如何让房东配合

场景还原

我兴奋地跳了起来，马上拿着钥匙带客户去看房，这是签了独家委托合同之后的第一次带看。

这位客户 50 多岁，穿着一双擦得锃亮的皮鞋、一条黑色的西裤、一件白色带花纹的衬衫，挺着啤酒肚，夹着一个公文包。客户在房子里看了半个小时，仔细地看了每一样家具和家电，还有边边角角的地方。他每看一样家电都要开一下，看看能不能用。从这些举动来看，这个客户是一个比较精明、细心的人。

客户问："这套房子最低多少钱？"

"50 万元。"

"我出 43 万元，房东卖不卖？"客户面无表情地还价。

我的报价是 50 万元，这一下就砍了 7 万元，这个客户看起来是一个砍价的高手。

我说："房东不可能接受这个价格。"客户的目的是打探底价，如果我直接把底价告诉客户，客户就会继续还价，谈判很快就会陷入僵局，所以我只能死咬着 50 万元不放。

我想先了解一下客户的基本情况，便问："李哥，您在这个小区看了多久房子了？"

客户说："我看了一个多月了吧。这个小区的房子，我基本都看过。儿

子下个月结婚，所以我很着急。你安排一下时间，把房东约出来，我跟房东当面谈。"

这位客户确实很精明，他想从我的表情、反应试探出底价。

我面无表情地说："好的，我回去就给房东打电话，问问房东什么时候有时间，然后给您打电话。"

客户说他也住在这个小区，他现在住的房子的户型和这个房子一样。他有两个儿子，其中一个儿子马上就要结婚了，他想买一套房子作为儿子的婚房。他还说87平方米的三居室住不下三代人，所以他想在同一个小区买一套户型相同的房子，以后有了小孙子，去儿子家里帮忙看孩子就方便多了。

我和客户谈了一下价格，他最后加到了45万元，我坚持不透露底价。我在房子里面跟客户聊了一会儿，然后回公司跟进房东。

在拨通房东电话的一刹那，我突然想到了一个问题：客户在这个小区已经住了好些年，也跟其他经纪人看了很多房子，肯定认识很多经纪人，跟物业也比较熟，他是一个非常精明的人，会不会跑单呢？想到这里，我出了一身冷汗。

房东问："小钟，有客户看我家的房子了？"

我回过神来，说："梁姐，我刚刚带一个客户看了您家的房子。这个客户也住在这个小区里，他是做生意的，非常精明。客户最开始出的价是43万元，我跟他聊了半个小时，他又加了2万元。"

"这个价格不行。"房东用坚决的语气说。

我说："我知道这个价格不行，所以我需要您配合我一下，好让客户加钱。这个客户真的诚心想要买房。"

"怎么配合？"房东问。

"梁姐，这个客户是一个非常精明的人，他肯定会找其他中介公司来打探您的底价，还会找其他中介公司跟您砍价。可能会有一些经纪人说自己手上有客户要买您家的房子，然后跟您谈价格；还会有一些经纪人打电话让您涨价，说您家的房子可以卖51万元或52万元。这些经纪人的目的是让客户觉得您出尔反尔、不想卖房，然后带客户去看其他房子。客户也可能通过物业公司联系您，跟您谈价格。不管谁给您打电话，您就说已经把房子委托给我们公司了，让他们找我谈。他们用的方法和技巧，我都懂。你交给我去谈，我会尽最大的努力帮您卖一个好价钱。"

"小钟，你会不会想得太多了？"房东笑呵呵地说。

我无奈地说："梁姐，可能是我想得太多了，但我干这行这么多年，经常碰到我刚说的这种情况，最后的结果是客户跑掉了，成交不了。"

房东笑呵呵地说："你放心吧，这段时间你这么辛苦地帮我找客户，我心里有数。不管谁打电话过来，我都让他们找你谈。"

房东很爽快地答应了我，我放下心来。只要房东肯配合我，我就一定能想出办法让客户尽快成交。

当天晚上 7 点半，我给客户打电话，客户居然把我的电话挂了。隔了半个小时，我又给客户打了一个电话，客户还是把我的电话挂了。

我在微信上问房东："今天有人给您打电话吗？"

房东回复："有个男的给我打电话，说他想买我家的房子，我让他给你打电话。当时我正在开车，不方便接电话，就把电话挂了。"

我回复了一个 OK 的表情。原来，客户真的想跑单，他很可能通过物业公司查到了房东的电话号码。如果不是提前跟房东打好了预防针，如果不是签了独家委托合同，这个客户可能真的会跑单。

第二天早上 10 点，我给客户打了一个电话，这次他接了电话。

我客客气气地说："李哥，昨天那套房子您觉得怎么样？"

客户也客气地说："小钟，那套房子 45 万元能不能卖？"

"李哥，这个价格太低了。我们最近卖出去的几套户型相同的房子成交价都高于 45 万元，您现在出 45 万元，房东是不可能卖的。我昨晚给房东打了一个电话，问她 45 万元能不能卖，结果房东数落了我一顿。"

客户还是客客气气地说："房东说最低多少钱？"

"昨晚我跟房东聊了一会儿，房东降了 5000 元，现在是 49.5 万元净收。"

客户说："你跟房东说，我只出 45 万元，能卖就卖，不能卖就算了。"

我刚想说话，客户就把电话挂了。

我很熟悉这个小区，这个户型的房子从来没有以45万元的价格成交过。

第二天早上，一个客户打电话约我看房。我和客户约好在小区门口碰面，到了之后，我看到两个30多岁的男人正在聊天。我带着他们去看房，一路上他俩聊个不停。我听得清清楚楚，有一个在这个小区买了房，另一个是来这里玩的。已经买房的那位想说服朋友在同一个小区买房，也好有个伴。

他俩越说越兴奋，我心想这次应该有成交的机会。我拍了一个小视频发给房东，告诉房东有客户正在看房。

已经买房的那位问我："这套房子首付最低多少钱？"

我直接回答："这套房子首付最低要20万元。"

已经买房的那位继续问我："我买的时候首付才13万元，为什么现在要20万元？"

我无奈地说："这几年房价涨得太厉害了，现在首付最低也要20万元。您应该是去年买的吧？"

已经买房的那位说："嗯，我是去年买的，你能不能帮他把首付做低啊？他现在没有这么多钱。"我无奈地摇了摇头，表示没有办法。

想买房的那位刚进门时一脸兴奋，现在脸上全是失落，看起来确实是钱不够。送走客户之后，我回到公司，看到房东给我发了一条微信，内容是"今天早上有两个经纪人打电话跟我谈价格"。原来，这两个客户也想跑单。

我问房东："他们是怎么说的？"

房东回复："他们说有客户要买我家的房，一个出43万元，另一个出44万元。我之前答应过你，所以我直接把电话挂了。"

如果不是签了独家委托合同，如果不是提前给房东打好了预防针，如果不是一早就让房东同意配合我，这套房子十有八九要跑单。

我无奈地拿起手机，打开微信，搜索客户的手机号码，看客户有没有开通微信。第一次申请加好友的时候，客户拒绝了；我很快又发了加好友的申请，5 个小时之后，客户才通过了加好友的申请。我估计他问了好多家中介公司，房东不理其他的经纪人，也不理他，他这才同意加我。我发了一段文字："我是 ×× 公司的小钟，前两天带您看过山水花园的房子，您还有兴趣吗？"

过了一个小时，我见客户一直不回复，就又发了一条微信："这个小区还有几套房子在卖，您明天有时间过来看房吗？我可以安排一下。"

这一次，不到两分钟，客户就回复我："多大的面积？多少钱？"

客户想看其他房子，这说明客户确实想要买房。我筛选出这个小区的 10 多个房源，做了一份表格，表格里有楼层、面积、装修情况等信息。我把底价也写了进去，最便宜的是 49 万元，最贵的是 55 万元。面对这种精明的客户时，必须使用特别的方法。我相信他早就跟别的经纪人看过这些房子，也知道这些房子的价格了。我手上的这个独家房源目前的价格是 48 万元，而且价格还可以谈，这就是我的王牌。

大概过了 10 分钟，客户回复："这些房子价格太贵了，有没有便宜的？"我问："什么价格才算便宜呢？"

客户立刻回复："47 万元左右。"看到这个价格，我立刻兴奋起来。我心想，成交的机会还是很大的。

我马上回复："47 万元的房子也不是没有，就看您着不着急买了。"

他立刻回复："如果有 47 万元的房子，我马上交定金。"

看样子，这个客户确实诚心买房。我继续问："我之前带您看的那套房子，您觉得什么价格合适？"

客户马上回复："45 万元。"这个客户确实太精明了，刚刚还说 47 万元，现在又说 45 万元。

我反问客户："您觉得 45 万元这个价格可能吗？"客户给我发了一个偷笑的表情。

客户想要跑单，我必须先打消他跑单的念头，否则没法谈下去。

我回复："李哥，您明知道这个价格不可能，为什么非要还这么低的价？前两天有个人给房东打电话，说要买她家的房子，房东直接把电话挂了。这两天还有别的经纪人给她打电话，房东都不理他们。房东问我，最近好多人想买她家的房子，是不是房价要涨，她的房子是不是也应该涨涨价。"

之后，客户不再回消息了。

第二天早上，我的同事带客户看这套房子，并把带客户看房的小视频发到了公司的微信群里。我给客户转发了这个小视频，告诉客户有人正在看房。中午，我又给客户发了一个小视频，告诉客户有人正在看房，客户没有回复我。

到了下午，我把网站上的置顶广告和微信朋友圈广告的截图，还有广告栏、传单广告的照片都转发给客户，还发了一段文字："我们公司现在主推这套房子，这是我自己打的广告，我的同事也打了很多广告，估计这套房子这几天就卖出去了。"

我要告诉客户，我们打了这么多广告，根本不愁这套房子卖不出去。

晚上 7 点半，客户在微信上给我发了一条消息："这套房子现在最低多少钱？"

我回复："房东报 50 万元。"

我估计他已经问了不少经纪人，但都没有给他报价。这个独家房源的性价比很高，装修比较好，可以拎包入住，这就是我的底气。他的儿子马上就要结婚了，没有时间装修房子，这套房子非常适合他。

"你不是说 47 万元吗？"

"我什么时候说过这套房子的价格是 47 万元？"

客户把之前的聊天记录的截图发给我，还用红笔把那句话圈起来——"47 万元的房子也不是没有，就看您着不着急买了"。

我马上回复客户："确实有一套 47 万元的房子，在顶楼，而且是毛坯房。"这套房子已经卖了半年了，一直卖不出去，客户肯定看过这套房子。他的儿子马上要结婚了，根本来不及装修，而且他跟我看房的时候说过不要顶楼的房子，所以我知道他肯定不会买这套房子。顶楼的房子和其他楼层的房子价格至少相差 3 万元，算上装修、家电、家具的话，价格至少相差 10 万元。我相信客户肯定算得清这笔账。

晚上 9 点，客户在微信上回复："家里人想明天早上 10 点去看房，你方便开门吗？"看起来，客户终于沉不住气了。

场景分析

客户想跑单，经纪人打了一个电话，房东就配合经纪人不让客户跑单，由此可见经纪人的话术非常厉害，但事情其实并没有这么简单。

换成另外一位不认识经纪人的房东，经纪人第一次给房东打电话就让房东配合自己不让客户跑单，房东肯定不会理经纪人。

例如，经纪人签了一套独家房源，一个月之内不给房东打电话，突然打电话让房东配合自己不让客户跑单。房东很可能会这么想：我把房子独家委托给你一个月了，你没有客户，没有帮我打广告，现在才给我打电话，我为什么要配合你？

在上面的场景中，房东之所以这么爽快地配合经纪人，是因为经纪人确实找了很多客户，也打了很多广告，还把每个客户的情况都告诉房东。房东见经纪人这么辛苦，才会毫不犹豫地配合经纪人。

场景 36　如何让房东配合引导客户成交

场景还原

第二天早上 10 点，客户一家六口人过来看房，连没过门的儿媳妇也过来了。他们非常熟悉这个小区的户型，可能比我还熟悉，我就不费口舌介绍了，一个人走到阳台上看小区的风景。

过了大概 10 分钟，客户走到阳台上，问我："小钟，你给房东打电话，问问房东现在有没有时间，我想跟房东见面谈。"

"约中午或下午吧，这个时间房东正在上班呢。"我说。

现在他们一家六口人都在，就算把房东叫过来，他们六个人六张嘴，肯定会有不同的意见，最后也很难成交。不过，如果客户见不到房东，他就不可能彻底相信我。现在看起来，客户诚心想要买房，而且我已经跟房东沟通好了，也不怕客户跑单，还是让他们见面谈比较好。只要客户愿意加一点钱，房东愿意降一点价，就有很大的机会成交。

把客户送走之后，我马上掏出手机给房东打电话："梁姐，有个客户想跟您见面谈，您下午什么时候有时间？"

房东高兴地问："客户诚心买房吗？我下了班还要接孩子呢。"

我说："客户诚心买房，如果不诚心，我是不会给您打电话的。您看，这么长时间了，我打过电话让您跟客户见面吗？"

房东想了一会儿，说："下午五点半行吗？"

"好的，我先打电话问问客户五点半有没有空，完了再和您约时间。"

挂了房东的电话，我马上拨通客户的电话："李哥，房东5点40分到我们公司。您一定要带2万元现金过来，谈好了直接交定金、签合同。您也知道，这几天有很多人在看这套房子，如果双方谈好了但您不交定金，房东可能第二天就会涨价。这几天好几个经纪人给她打电话，她一直问我要不要涨价。"

"好的，5点40分在你们公司见吧。"我突然想起来中介费的事情，赶忙说："李哥，我们收一个点的中介费。不管你们谈成什么价，只要成交，您就要交房屋总价1%的中介费。"

"中介费不是房东给吗？"客户反问。

"我们公司的规定是收房东两个点，收客户一个点。后续我们还要帮您办理过户等手续呢。40多万元的房子，中介费才4000多元。"

客户不耐烦地说："到时候再说吧。"

我理直气壮地说："如果您同意给中介费，就见面谈；如果您不同意给中介费，就不用谈了。"

这是独家房源，所以我有充足的底气，如果客户不同意支付中介费，我宁愿选择不成交。

客户沉默了一会儿，说："4000 多元是吧？我同意给中介费。"说完就把电话挂了。

我马上给房东打电话，跟房东确认时间。

"梁姐，这个客户太精明了，还的价比较低，但是我有办法当场成交。"

"什么办法？"房东问。

"有很多细节，在电话里说不清楚。您 5 点半准时到我们公司就行，我到时候跟您细说。"

房东答应了。为什么让房东提前 10 分钟到公司？有了这 10 分钟，我就可以跟房东提前沟通好如何给客户降价。

下午 5 点 30 分，房东准时来到我们公司。我带着房东走进办公室，给她倒了杯水。我坐在房东旁边，说："梁姐，我现在给客户的报价是 50 万元。待会儿见面之后，客户肯定会跟您讨价还价。这位客户太精明了，刚开始还价 43 万元，我花了好几天时间做客户的工作，他才加到了 47 万元。但是，我知道您不可能接受这个价格，所以我们需要一起想办法让客户加到 48 万元。"

"嗯……小钟，你有什么办法吗？"

我本来想说说自己的办法，但是见房东一脸轻松的样子，我决定先听听房东的想法。

我说："我倒是想了几个办法，不过，我拿不准行不行得通。"

房东充满自信地说："谈判是我的强项，你一会儿配合我就行。"

我一脸好奇地看着房东，问："我怎么配合您？"

房东得意地说："小钟，待会儿你留意看我的手势，我十指相扣，你就劝我降价，我会说看在你的面子上降 5000 元，你想办法让客户加 3000 元。我再次十指相扣，你就再次劝我降价，我还是说看在你的面子上降 5000 元，你再想办法让客户加 3000 元。也就是说，每次我十指相扣，你就劝我降价，我就会降 5000 元。你不是说这个客户很精明吗？咱们分四次给他降价，我一降价，你就让他加钱。"

我竖起大拇指，夸赞道："梁姐，您才是真正的谈判高手啊！"

房东笑着点了点头。

我突然想起了中介费的事情，赶忙说："梁姐，这个客户非常精明，他过来之前已经答应给我一个点的中介费，我怕他过来谈好价格之后就不给中介费了。您看，我们一个单子才挣不到1.5万元的中介费，公司要扣除各种费用和成本。而且，这个房源是我的同事先登记的，他要拿走一半的业绩，最后到我手上也就是1000多元。我已经花了几百元帮您打广告，如果客户那边不给中介费，我真的是白忙活半天啊。"

房东笑着说："小钟，我知道你很辛苦，如果客户不给中介费，我就不签字。"

之前，我把自己打的所有广告和带客户看房的经过都通过图片、小视频或者文字汇报给房东，好让她知道我付出了多大的努力，并得到她的信任。如果之前没有做好这些铺垫工作，现在就很难开口和房东谈中介费的事情。

过了几分钟，客户一个人来到公司。我介绍买卖双方认识，客户刚坐下来，就开始展现他的口才，说了一大堆。房东的表情一直很轻松，我见客户说得差不多了，就转头看着房东。房东很自然地把手放在大腿上，十指相扣。

我见状赶紧说："姐，李哥这边诚心买房，您就给他降点价吧！"

房东用无奈的语气说："好吧。小钟为了帮我卖房忙前忙后，特别辛苦。看在小钟的面子上，我降5000元，49.5万元。"客户当然不会同意，他不给我开口的机会，继续展现他的口才。

过了几分钟，我觉得客户说得差不多了，给房东递了一个眼神。房东也给我递了一个眼神，意思是：刚才咱们说好了，我这边降5000元，你就让他加3000元，你还没有完成任务呢！

我心领神会，笑呵呵地对客户说："李哥啊，我觉得您的口才特别棒，特别适合干我们这一行。以后有时间的话，您可以过来给我们做一场培训。"

客户一下子没反应过来，过了几秒自己笑了。

我抓住机会赶紧说："刚才梁姐已经降了 5000 元，您是诚心买房，她是诚心卖房，总不能一直叫她降价，您好歹也加一点。您看，加 3000 元行吗？"

客户又打开话匣子，说了一堆降价的理由，但最后同意加 3000 元。

客户刚说完，房东就将身体侧向我，把一只手放在沙发的扶手上，然后抬起另一只手，十指相扣。

我转过头，笑着对房东说："姐，李哥这边确实有困难，他刚才也表示了诚意，您看价格能不能再优惠一点？"

房东犹豫了一会儿，说："这样吧，我见你诚心买房，看在小钟的面子上，我再给你优惠 5000 元，49 万元。"

客户一脸无奈的表情，他心里的成交价是 47 万元，虽然刚才加了 3000 元，但还是比房东让步后的底价低 1.7 万元。

我又转过头对客户说："李哥，梁姐这边已经降了 1 万元了，这个诚意真的没话说了。您要是诚心买房就再加点钱，要不然，梁姐降 1 万元，您才加 3000 元，这还怎么谈？"

我先用这句话把客户的嘴堵上，让他知道不加钱根本没办法往下谈。

客户低下头想了一会儿，咬了咬牙，说："我最多出 47.8 万元。您要是同意，我马上就交定金、签合同。您要是不同意，那就算了！"

我没想到客户一下子加了这么多钱，我觉得现在可以成交了。我不敢露出放松的表情，我在心里默默地告诫自己：绝对不能为了成交而直接压低价格。

如果我一下子把价格压到最低，客户就会觉得成交太容易了，就会产生怀疑，很容易反悔。只有让客户觉得他好不容易才把价格谈下来，他才能获得成就感，才不容易反悔。

人们常说的那句话很有道理：越容易得到的东西越不珍惜，越难得到的东西越珍惜。

房东换了一个坐姿，十指相扣，很自然地把手放在大腿上。

我转过头，对房东说："姐，李哥这边直接加了 8000 元，也真的很有诚意。您这边还能不能再让一点？"

我现在要把价格降到位，让客户看到成交的希望，这样客户才愿意继续谈。

房东说："小钟帮我卖房确实挺辛苦，那就再给你优惠 5000 元吧，48.5 万元。"

这个价格比客户刚才咬着牙报出的最高价还高了 7000 元，客户肯定不会同意。不出意料，客户又一次展现他的口才，说了 10 多分钟。他一边说，一边看房东的反应。

房东一直很轻松，因为她不用动脑筋，也不用花力气去说服客户，说服客户加钱是我的任务。客户看到房东不是很着急卖，自己反而越说越着急。

突然，房东的手机响了。房东接起电话说："好的，我现在就过去。"房东挂了电话，起身要走。

我不知道发生了什么情况，起身拦住房东，问："姐，价格还没有谈好呢，您这是去哪儿啊？"

"刚才有朋友打电话过来，说有人要买房，叫我过去谈。你的客户说了半天都不肯加钱，我先去那边看看。"房东从容地说。

我回头看了一眼客户，客户满脸着急的表情。

我拉着房东说："现在不就差 7000 元吗？您先坐下来，再给我 5 分钟，如果谈不成，您就去那边谈。"

房东没有说话，坐下来跷着二郎腿，明摆着告诉客户：你爱买不买，价格就这样了。

我坐下来，劝客户："李哥，现在只差 7000 元，要不这样，两边都让一步，各让 3500 元，您看怎么样？"

客户低下头，想了很长时间，最后抬起头说："唉！那就加 3500 元吧！"

我在约买卖双方见面之前给客户打了预防针，现在终于起作用了。这套房子目前是这个小区户型相同的房子里最便宜的一套，他的儿子急着入住，我估计客户考虑到了这两点，才这么爽快地答应加钱。

我赶紧抓住机会成交："李哥，定金带来了吗？"客户从包里拿出两叠现金，每叠 1 万元。

我转过头对房东说："姐，李哥诚心买房，您看，定金都带过来了。现在还差 3500 元，您这边……"

房东犹豫了一下，估计她在考虑这套房子是不是卖便宜了。看到房东的表情，我的心一下子悬了起来——房东不会想涨价吧？

房东想了一会儿，说："那就降 3500 元吧！我是看你的面子才给他优惠的，如果是其他的经纪人，我一分钱都不降。"

我马上拿出提前写好的合同，当场把价格填上去，给他们每人一份，然后各递一支笔给他们。我说："如果有什么不对的地方，用笔圈出来，我重新写一下。"

客户指着中介费的条款说："我不出中介费，中介费让房东出。"

合同上面写着房东出 2% 的中介费，客户出 1% 的中介费。

我还没说话，房东就抢着说："如果你不给中介费，我就不卖了。"说完，她把合同放到了桌子上。

房东的语气很坚决。我心想，可能是因为我帮她多卖了 1500 元，她想感谢我吧。

我连忙说："李哥，您过来之前，我不是跟您说好了吗？您这边给一个点的中介费。"

客户看了看房东，又看了看我，无奈地摇了摇头，继续看合同。看到客户默认了，我悬着的心终于落了地。谈单就像坐过山车一样，免不了起起伏伏，在没交定金之前，各种情况都有可能发生。不过，这个单子最终顺利地成交了。

场 景分析

经纪人想了很多话术和谈判技巧，想让房东配合自己引导客户成交。但是，房东的方法比经纪人的更实用、更简单，所以经纪人采用了房东的方法。

经纪人让房东配合自己，房东很爽快就答应了，但事情其实并没有这么简单。

还是那句话，换成另外一个不认识、不了解、不相信经纪人的房东，如果经纪人对房东这么说，房东一定不会答应。

总　结

很多经纪人平时跟进房东时只问"房子还在吗？现在卖多少钱"，这只是了解这套房源现在的情况，而不是真正的跟进房东。

跟房东谈独家委托的话术与平时跟进房东的话术是一样的。经纪人要有节奏地跟进房东，想好第 1 个电话怎么说、第 2 个电话怎么说、第 3 个电话怎么说，最后让房东配钥匙，签独家委托合同。走完整个流程，经纪人才能让房东相信自己、认可自己，最后配合自己引导客户成交。

做二手房销售，得房源者得天下。很多中介公司以前对独家委托这件事不太重视，这几年才发现了独家委托的重要性。现在，很多中介公司不是签一两个独家房源，而是把整个小区一半以上的房源签下来。

有一家公司就是这样做的。这家公司不断地鼓励员工去签独家房源，签下一个独家房源就给房东 500 元保证金。假设签下 10 套，只要能成交 1套，成本就收回来了。

这家公司在一个城市就有 1000 多个员工，根本不愁独家房源卖不出去。如果碰到一些特别便宜的房源，这家公司甚至可以给房东 5000 元或 1 万元保证金，前提是房东愿意签 3 个月的独家委托合同。有一个小区的绝大部分房源都掌握在这家公司手里，只要客户想买这个小区的房子，最后都会找这家公司买。

现在信息传播非常便捷，很多房东在网上发布房源信息，很多客户在网上找房源信息。经纪人带客户看完房，客户回到家就从网上找到了房东的电话号码，很可能偷偷成交了经纪人都不知道。

不少经纪人带客户去看房，客户看中了一套房子，但不愿意给那么多的中介费，要求经纪人打折，如果经纪人不同意，客户就很可能跑去其他中介公司成交。

鉴于以上种种情况，为了保证收取全佣，很多中介公司都主推独家房源。中介公司拥有越来越多的独家房源应该是行业未来的发展趋势之一。

诚意金：怎样锁定客户，如何向成交推进

诚意金是谈单过程中最好用的工具之一。诚意金也叫意向金，不同的地方有不同的叫法，但用法是一样的。有很多经纪人不会用诚意金，这些经纪人在谈单的过程中往往会遇到很多问题。

你碰到过下面这样的客户吗？

你带客户去看了一套房子，客户非常喜欢这套房子。这套房子的底价是 100 万元，客户看房的时候当场还价 98 万元。你花了一天时间跟房东谈价格，终于谈到了 98 万元。

第二天，你兴高采烈地给客户打电话说："房东同意按 98 万元卖给您了，您什么时候有空过来交定金？"客户说："我跟家里人商量一下，明天给你回复。"

第三天，客户没有给你打电话，你忍不住给客户打了一个电话。客户说："我跟家里人商量过了，能降到 97 万元就买。"你对客户说："好的，我再跟房东谈谈价格，回头给您打电话。"

你又花了一天的时间跟房东谈价格，房东同意降到 97 万元。你马上给客户打电话说："房东同意按 97 万元成交了，您什么时候过来交定金？"客户说："我再跟家里人商量商量，很快回复你！"

隔了一天，你再给客户打电话，客户却不接电话了，或者直接说不买了！其实，很多客户只是看房的时候觉得房子还不错，随便还了一个价，他们根本没有打算买这套房子，你又何必为不诚心买房的客户变卦而伤心呢？

当客户说"只要谈到 ×× 万元就买"这样的话时，你要用诚意金来试探客户，看客户到底是不是诚心要买这套房子。如果客户

不愿意交诚意金，就马上给客户推荐其他房子，不要在之前的那套房子上浪费时间。

场景 37 如何向客户推荐房源

场 景还原

一天早上，我在公司上网发房源信息。发了一个小时，眼睛有点涩，我就走到店门口透透气。突然，我的手机响了，我马上接起来。

"你好！我想看城市花园小区的 72 平方米的两居室，现在可以看房吗？"电话那头传来一个女人的声音。

听口音，客户应该不是本地人。我怕她不了解这个小区，就问："您知道城市花园小区吗？"

"我知道，我大概半个小时后到。"

"好的，那我们一会儿见面聊。"

半个小时之后，我在小区门口等客户。等了 20 分钟，客户还没到。我拿出手机给客户打电话："大姐，我已经到小区门口了，您到了吗？"

"马上就到。"

客户说完就把电话挂了。我想走但又不敢走，万一是诚心买房的客户，岂不是错过了成交的机会？

又等了 20 分钟，我看到一辆黑色捷达汽车慢悠悠地开了过来。车里坐着两位大姐，其中一位降下车窗打电话，我的手机突然响了。我正想接电话，那位拿着手机的大姐冲我招了招手，电话也挂断了。看来给我打电话的就是她。

我指引她们停好车之后，带着她们朝着房子的方向走。两位大姐你一言、我一语，说的都是我连一句都听不懂的方言。我想问客户具体的需求是什么，但是根本插不上话。我带她们到了房子以后，她们还是用家乡话聊个没完。

我见她们看得差不多了，就问："大姐，您觉得这套房子怎么样？"

"我再看看。"客户头都不回，仿佛我根本不存在。

我足足等了她 40 分钟，她就回我一句话"我再看看"，我心里当然很不爽，但是我不能把这种情绪表露在脸上，这是经纪人的基本素质。

下了电梯之后，我放慢脚步，跟在客户后面。客户的手机突然响了，接起电话冷冷地说："马上到！"说完就把电话挂了。

原来，不止我一个人在等她，还有其他经纪人也在等她，而且恐怕等得更久。白天带客户看完房，晚上一定要跟进客户，因为这时客户对房子还有一些印象，如果等到第二天再打电话跟进客户，客户很可能已经忘记这套房子是什么样子了。

晚上 8 点，我拨通了客户的电话："大姐，您好，我是小钟啊，今天中午带您看了城市花园的房子，您还记得吗？"

"嗯，我记得，你说吧。"客户冷冷地说。

"您觉得这套房子怎么样？"

"房子还可以。"客户冷冷地说，不带任何情绪。

我没有办法通过语气判断客户到底喜不喜欢这套房子。

我继续问："您觉得小区环境怎么样？"

"一般。"

"您觉得这套房子的户型和楼层怎么样？"

"一般。"

很明显，客户对这套房子的兴趣不大。我本来还想问她对房子的装修、家具、家电有什么意见，但听她这个态度，也就不用问了。

再在这套房子上面下功夫纯属浪费时间，我打算重新了解客户的需求，重新给客户匹配房源。我话锋一转，问："大姐，您看房看多久了？"

"没几天。"

"那您有没有喜欢的小区或地段？我们公司有很多便宜的房源，我可以找其他合适的房子带您去看。"

"有合适的再说吧。"客户说完就把电话挂了。

每一个经纪人都会遇到这样的客户，他们根本不把经纪人放在眼里，也很难沟通。而且，她刚刚出来看房，没有喜欢的小区，也没有喜欢的地段，看到合适的房子也不会出手，肯定还想多对比几套房子。

之前客户看了城市花园的两居室，价格是40万元左右。公司的房源太多，我一下子想不起来应该向她推荐哪个小区的房子。

我打开地图，查找公司附近面积在70平方米左右的两居室。我看到了北方花园，就想起来这个小区有一个68平方米两居室的户型。我打开房源系统，查找北方花园的两居室，打电话联系房东，询问最新的价格，最后选出了两套最便宜的记在本子上。

我继续看地图，想起来都市花园也有一个75平方米两居室的户型。我打开房源系统搜索都市花园的两居室，又打电话找了两个便宜的房源记在本子上。

我接着看地图，看到了世纪花园，这个小区好像也有一个两居室的户型。我记不清了，就用百度搜索世纪花园的户型，确实有一个75平方米两居室的户型。我打开房源系统，搜索世纪花园的两居室，找了两个便宜的房源记在本子上。

我花了1个多小时，选了五六个小区，准备了十几个两居室的房源。第二天一早，我给客户打电话。

"大姐，您好，我是小钟啊，我昨天带您看过房。我这里有几套两居室挺不错的，您有没有时间了解一下？"

"什么小区？"客户冷冷地说。

"北方花园有个68平方米的两居室，您看过吗？"

"我还没看过这个小区，多少钱？"

"目前这是这个小区最便宜的一套两居室，现在卖47万元。"我自信地说。

"太贵了，有没有40万元以内的房子？"

客户说北方花园贵，我就不提北方花园了，马上给客户介绍其他房源：

"大姐，世纪花园有一套 75 平方米的两居室，您去看过吗？"

"我知道这个小区，但没去看过，多少钱？"

"40 万元。我觉得这套房子可以去看看。其实，买房就像买鞋一样，要多看、多试，鞋合不合脚，只有看了、试了才知道。多看几套，对比一下，只有这样才知道什么样的房子适合自己。大姐，您说对吗？"

客户想了一会儿，说："你刚刚说的这套房子什么时候能看？我最近到处看房，跟你去看看也行。"

"您一般什么时候有时间？我联系一下房东，安排好时间之后再给您打电话。"

"我一般下午都有时间，你联系好房东再给我打电话吧。"

"大姐，要不这样吧，反正您也要过来看房，我干脆多准备几个小区的房源带您去看，把附近的小区都了解一下，也对比一下户型。等您选好了小区、选中了户型，我再帮您找这个小区最便宜的房源，您看怎么样？"

"那你安排好之后再给我打电话吧。"

"大姐，跟您聊了这么久，我还不知道您贵姓呢。"

"我姓张，弓长张。"

"好的，张姐，我安排好房源之后再给您打电话。"我说完之后就把电话挂了。

客户说话的态度客气了很多，这倒不是因为我多会说话，而是因为我能给客户带来价值——我能帮客户找到更多的房源、更便宜的房源。如果我无法给客户带来任何价值，客户为什么要找我买房呢？

我先带客户去看世纪花园的两居室，客户说房子太旧。接着，我带客户去看北方花园的两居室，客户说有个卧室太小，而且价格太高了。

客户已经 50 多岁了，如果选择贷款，只能贷几年，而且要支付很多手续费、提供各种证明、支付可观的利息，所以客户想要一次性付款。

虽然我已经准备好了十几个房源，但我每隔两三天才带客户去看两三个。公司上了新的房源，我也会约客户去看房。如果一次带客户看完十几个房源，就算客户看中了，也不会马上出手。因为客户还没看够，还想多对比几套房子。

如果没有房源，我也不知道该跟客户聊什么。如果没有房源，即便我每天都跟进客户，客户也不会理我，因为我不能给客户带来价值。所以，我总是通过房源与客户保持联系。

如果客户着急买房，看中了马上就能交定金，我就会集中在一两天内带客户看完十几个房源。大部分房源都是公开的，就算你不带客户去看房，别的经纪人也会带客户去看。所以，面对不同的客户，带看的方法也要有所不同。

客户看房已经一个月了，还没有看到让她想要立即出手的房子，所以我根本没提成交的事情。很多经纪人只带客户看了一套房子就频繁催促客户成交，这样做只会让客户对经纪人感到厌烦。

我的做法是在进入成交阶段之前先得到客户的信任。得到客户的信任之后，客户每看一套房，都会告诉我他们的想法，让我帮他们参谋一下。

我非常诚恳地为客户提供意见，比如，这个小区好在哪里、不好在哪里，这个户型好在哪里、不好在哪里，这套房子的装修好在哪里、不好在哪里。客户觉得我真心实意地为他们提供意见，就会更加信任我。

场景分析

有些客户刚出来看房，没有选好小区，也没有看好户型，但时间很充裕。对于这类客户，经纪人推荐房源时可以使用这样的话术："1号小区××户型，面积是××，价格是××，装修是××，楼层是××；2号小区××户型，面积是××，价格是××，装修是××，楼层是××；3号小区××户型，面积是××，价格是××，装修是××，楼层是××。"

经纪人要一次准备好多个房源再给客户打电话，而且要反复强调："我带您看的不一定是最便宜的房子，我先带您看小区和户型，等您看好了小区、选好了户型，我再帮您找这个小区这个户型最便宜的房子。反正看房又不收费，您看好了就告诉我，我帮您谈价格。"

很多经纪人只准备好一个房源就打电话约客户看房，如果客户觉得这套房子不够好，就很可能直接把电话挂了。此时，不少经纪人就会开始埋怨客户，说客户不是诚心来买房的。但是，这种情况在很大程度上是由经纪人自己造成的，如果经纪人多准备几个房源，一个房源不合适，就可以马上推荐另一个房源。

场景 38　给房东打电话怎么说

场景还原

我带客户看房已经一个月了，我对客户的需求、家庭情况等已经非常了解。客户想要买 40 万元以内的房子，她想留点钱装修和养老。

有一天，我突然在房源系统里看到一套富贵花园的两居室。前几天我有一个客户指名要买这个小区的房子，我觉得这套房子也挺适合张姐。我想先打电话问问房东房子的情况，然后向客户推荐这套房子。

我马上拨通了房东的电话："周哥，您好，我在我们公司的房源系统里看见您有一套富贵花园的房子要卖，现在房子卖出去了吗？"

房东有些不耐烦地说："没卖呢！你手上有没有买家？你们这些中介公司天天打电话问东问西，但一个诚心买房的买家都没有！"

"周哥，我手上有一个诚心买房的客户，这才敢给您打电话。客户前几天看过这个小区的房子，她指名要买这个小区的房子。我看到您家的装修挺好的，就打电话问一下您能不能约个时间带客户过去看房。"

"每一家中介公司都这么说，也不知道是不是真的有人买房。"房东的语气比刚开始缓和了一些。

我马上转移话题："周哥，我们公司的房源系统登记的信息不是很详细，万一登记错了，给客户报了错误的信息，客户就会推翻之前谈好的价格，以信息错误为借口继续压价。我想跟您核对一下信息，这也是为了您好。您现在方便吗？"

很多房源信息是刚入行的同事登记的，他们只是为了登记而登记，所以很多信息登记得不够详细，甚至有不少错误。有些经纪人根本不核实房源信息就往下推进工作，结果栽了跟头，彻底失去了客户的信任。所以，我总是先仔细核对房源信息，确保所有信息无误之后才向客户推荐房源。

房东不说话，可能之前其他经纪人根本没有和他说过这些，他正在想核对房源信息是不是真的对他有利。过了几秒，他说："那你核对吧。"

"您这套房子的门牌号是 3 栋 2 单元 201 室吗？"

"是的。"

"您这套房子是满五唯一、没有贷款吗？"

"是的。"

"周哥，您现在想卖多少钱？"

"33 万元。"

"周哥，这个价格有点高，我是给客户报 33 万元还是报得高一些？我怕报得高了，客户就不过来看房了。"我自问自答，目的是试探 33 万元是不是他的底价。

有些经纪人可能会直接问："我给客户报 33 万元吗？"

这种问法大有问题。33 万元很可能是净收价，而且不给中介费。如果经纪人这样问，房东可能会很反感，并心想："这是你的房子还是我的房子？你这是想套我的话吗？"

"你先报 34 万元，有人看中了再谈价格。"房东说。

"中介费呢？"

"我出两个点的中介费，你尽快带人去看，我急着用钱呢！"

我压抑住兴奋的情绪，用平静的语气说："周哥，如果下午有客户想看房，我怎么带客户去看房呢？"

"钥匙在门卫那里，你自己去拿钥匙带客户看吧。"我听到钥匙放在门卫那里，心里不知道有多开心。因为我随时可以带客户去看房，而且买卖双方见不着面，客户不知道房东的想法，房东也不知道客户的想法，这对接下来的谈单非常有利。

"好的，周哥，我下午带客户看完房再向您汇报情况。"我挂了电话之后，马上骑着电动车去小区门口，从门卫那里拿到了钥匙。

这个小区是 2000 年左右建成的，以前属于单位房。整个小区有 16 栋楼是步梯楼，小区中间有两个大花园和几个凉亭，住在这个小区的都是那个单位的干部。这套房子在 2 楼，我以前看过这个户型的房子——方方正正的 78 平方米的两居室，阳台朝南，没有公摊面积。

我走进房子，发现这套房子整体翻新过，墙壁刚刚粉刷过，门和厨房也是新的，但是家具、家电很陈旧，看样子已经用了十几年。沙发是老式的木沙发，冰箱很小，洗衣机很小，电视机也很小。

我看完锁上房门，在小区里面转了一圈，发现一楼全都是杂物房。我看到了这套房子的门牌号。

我马上掏出手机拨通房东的电话："周哥，我在一楼看到了您家的杂物房，这个杂物房是送的吗？"

房东想了想，说："送吧，送吧，尽快帮我卖出去。"

这个价格还送杂物房，我心里别提多高兴了。

"周哥，我看到这串钥匙还有一把钥匙，这把钥匙是不是杂物房的？"

"是的。"

"好的，我现在就打电话约客户看房。"

房东突然严肃地说："你先别跟客户说这个杂物房是送的，等客户看中之后，谈到合适的价格再说杂物房可以送给他。昨天有个经纪人开口就对客户说送杂物房，把我的底价都告诉了买家，结果买家还不依不饶地谈价格。我没降价，那个买家就走了。"

"行，您放心，我知道了！"

我打开杂物房的门，进去看了一眼。杂物房的面积大概有 5 平方米，已经装好了电灯和插座，至少能放两辆两轮电动车，还可以放其他杂物。

我掏出手机给前两天指名要买这个小区的那个客户打电话，客户冷冷地回复："暂时不买房了！"客户怎么突然变卦了？我真搞不懂她的想法，一会儿说着急买房，一会儿又说不买了，我花这么长的时间为他找房源，纯粹是浪费时间。

场景分析

前面已经介绍过跟进房东的话术。电话一接通，经纪人就说"有一位客户指名要买这个小区这个户型的房子"，房东听经纪人这么说，才会愿意跟经纪人继续聊。

有些房东每天接几十个经纪人的电话，所以容易对经纪人不耐烦。房东见经纪人带来了靠谱的客户，才会愿意把底价告诉经纪人。

场景 39 介绍养老房

场景还原

我带着沉重的心情回到了房子，站在客厅里想怎么给张姐介绍这套房子。如果直接带她来看房，她肯定看不中。理由有三个：第一，小区太老了；第二，装修太差了；第三，家具和家电太旧了。不过，客户倒是能接受这个价格。我在客厅里来回走动，琢磨怎么向客户介绍这套房子。

半个小时之后，我突然想到了办法，于是马上给客户打电话，电话很快接通了。

"张姐，我现在手上有一套房子特别适合您。虽然房子稍微旧了一点，但是我觉得这套房子特别特别适合您。"我反复强调这套房子特别适合客户，这样才能引起客户的兴趣。

"小钟，你慢点说，你跟我说说房子的情况。"

"张姐，在电话里说不清楚，我现在就在这套房子里，您现在有没有时间过来看房？房东急着卖出去。"

"什么小区、多少钱、几楼、装修怎么样？"客户问。

我心想，客户认识这么多经纪人，如果我把价格报高了，客户很可能会找别的经纪人买或者不再信任我。

我说："张姐，这个小区名叫富贵花园。这套房子现在卖 33 万元，步梯二楼，简单装修。这个小区住的都是单位的干部，年纪跟您差不多，素质都不差。您想想，早上有人陪您晨练，中午有人陪您打牌，晚上有人陪您散步，这不就是您想要的退休生活吗？如果您买了新小区的房子，很多房子都是空的，根本没人住，您住进去能放心吗？新小区里基本上都是年轻人，您连个说话的人都找不到。就算小区再漂亮、房子装修再好，没有同龄人作伴，您也不会住得开心啊！"

她的老公自己开公司，平时很忙，很少在家。我之前带她看了很多房子，她反复跟我说想在老人比较多的小区买一套房子，起码能找个人陪她买菜、跳广场舞或逛街。

客户沉默了一会儿，然后问我："小钟，你说的靠不靠谱啊？"

"张姐，我带您看了这么多房子，我忽悠过您吗？"

客户又沉默了好久。

"行吧，反正我现在也没什么事情，看看也好，我现在打车过去。"

"张姐，您干吗要浪费钱？我骑电动车过去接您吧。"

"我现在离那个小区挺远的，我打车过去大概要半个小时，我怕你的电动车没那么多电骑到这里。"

我心想，打车都需要半个小时，骑电动车来回岂不是要一个多小时？我的电动车还有 20% 的电，肯定骑不到那里。

"好吧，那我在房子里等您。"我说完就把电话挂了。

我去楼下的超市买了一瓶矿泉水，又回到房子里，坐在客厅的沙发上想待会儿怎么样向客户介绍这套房子。过了半个小时，客户还没到，我已经习惯了她每次都迟到。再看时间，已经过了一个小时，我实在忍不住了，掏出手机给客户打了过去。

"张姐，您到了吗？"

"再有 10 分钟就到了。"

"张姐，您不用着急，我还在房子里等您呢！"

又等了 15 分钟，我的手机响了，客户终于到了小区门口，我马上下楼去接客户。到了小区门口，我跟客户打了一声招呼。我看了一下时间，已经是下午 4 点多了，小区门口来来往往的人不少。

我微笑着对客户说："张姐，我先带您看看小区的环境吧。"

我先带她看小区的环境，免得她进入房子看到那些陈旧的家具、家电之后就不想买了。我打算重点介绍这个小区的住户及附近的配套设施。我以前出租过这个小区的几套房子，也卖过两套房子，我对这个小区还是比较了解的。

客户站在小区门口，看了看老旧的小区，又看了看我，表情有些无奈。

"小钟，看看就看看吧，都到这里了。"

我诚恳地对客户说："张姐，我刚才在电话里已经说了为什么要约您看这个小区的房子。这个小区的空气特别好，好多住户都是单位的干部。虽然看起来旧了一些，但小区里的路都是干干净净的，花花草草也都是整整齐齐的。"

我指着小区的保安亭说："保安亭 24 小时都有保安值班。您看，每一个角落都有摄像头。这个小区这么多年都没有发生过盗窃案件，您知道为什么吗？"

客户问："为什么？"

我挺直腰板说："这个小区住着公安局的几位领导，小偷根本不敢来。"

一个女人独自住一套房子，多多少少都会有一些害怕，所以我通过强调安全性来消除她的顾虑。

"张姐，您看小区的凉亭。现在是买菜的时间，有好几位大姐坐在那里聊天，晚上人更多。您住一段时间之后就认识小区里的住户了，也不用担心一个人在家无聊了。您可以跟其他大姐打打球、跳跳广场舞或逛逛街。"

我瞄了一眼客户，看她是不是正在认真地听我说话。她正打量小区里来往的行人，看样子她正在琢磨我说的话是真的还是假的。

我指着一个方向说："那边有一个菜市场，骑电动车过去只需要 3 分钟。再往前就能看到一个小公园，早上有很多人在那里运动，晚上有很多大姐在那里跳广场舞。离小区不远的地方还有一个大超市，您平时可以跟其他人结伴去逛超市。"

我指着小区里的健身器材说："张姐，您看，这里有很多健身器材，您早上可以来这里活动筋骨。现在有很多人平时不怎么运动，结果肩、腰、腿全是毛病，不是这里疼，就是那里疼。如果每天来这里运动 10 分钟，您肯定会更健康。"我指着前面的一块空地说："张姐，这里每天早上都有人打太极，您会不会打太极？"

客户摇了摇头。我说："张姐，只有找到人陪您玩、陪您运动、陪您聊天，您才会过得开心，这才是老年人应该过的生活。"

我看着客户，客户正在皱着眉头思考，估计在想我说的话到底有没有道理。她买房的目的就是养老，我说的都是跟养老有关的事情。她肯定没想到我会说这些，她之前只想着买个小区环境好的、空气好的、比较安静的房子作为养老房。

对老年人来说，如果买了一套这样的房子——去买菜要开半个小时车，去公园要开半个小时车，回到家就关上门，两个老人大眼瞪小眼，就跟住进鸟笼没什么两样。小区环境当然很重要，但拥有良好的人际关系对快乐养老来说更重要。

我突然想到了以前的一个客户，于是说："张姐，我以前有一个客户通过我买了一套用来养老的房子。这套房子是 80 平方米的两居室，装修花了 20 多万元。这个小区的环境在咱们市是数一数二的，物业管理也特别好。他们夫妻两个在老家住了一辈子，很少吵架，但自从住进这套房子就天天吵架。过了一年，他们就把房子卖了，亏了 20 多万元的装修费。您知道为什么吗？"

客户一脸疑惑地看着我，我没有说话，因为她还没有问我为什么。如果我没有激起她的好奇心就直接说出答案，她肯定不会认真听，也不会产生深刻的印象。

客户见我没有往下说的意思，终于忍不住开口问："为什么？"

我笑着说："张姐，客户卖完房后对我说，老太太天天在小区里转，没有人陪她说话。因为这个小区刚交房不久，入住率还不到3%，根本就没有多少住户。而且，入住的都是年轻人，跟她也聊不起来。她只能回到家找大爷说话，但大爷有自己的兴趣爱好，哪能时时刻刻陪着她。一来二去，两个人就免不了吵架。在老家的时候，老太太可以串门、找邻居聊天，大爷也能找到其他人陪他玩，两个人过得都挺开心。他们买这套新房本来是为了开开心心地养老，哪知道住进去之后两个人天天闹别扭。最后，大爷干脆把房子一卖，回老家去了。"

客户听得很入神，我估计她家的情况差不多也是这样的。我觉得铺垫工作做得差不多了，可以带客户去看房了。

我说："张姐，我们去看房吧，我有钥匙。"

场 景分析

针对养老房的话术有很多，经纪人要根据客户的兴趣爱好和需求选择合适的话术。

例如，客户喜欢下象棋，经纪人就可以跟客户说："小区有几个大爷经常在凉亭下棋，您有时间就跟他们切磋切磋。在路边的小超市门口，有几个大爷也喜欢下棋。在对面的小公园里也有几位大爷经常下棋，一会看完房，我带你过去找他们切磋切磋。"

再如，经纪人要考虑客户有没有孙子、外孙，需不需要带孩子。如果小区里面有儿童乐园，就使用介绍儿童乐园的话术。

不同的客户有不同的需求。即便是同一套房子，经纪人面对不同的客户时所使用的话术也应该是不一样的。

场景 40　介绍旧家电、家具

场 景还原

客户点了点头。走进房子以后，客户看到家具、家电和装修情况，眉头皱得更紧了。我当然知道客户一定会做出这个表情，因为她之前说要精装全配的房子，省得折腾。我得先想办法把家具、家电的事情说清楚，免得客户纠缠这个问题。

我说："张姐，家具和家电确实旧了一些，不过这不重要，您知道为什么吗？"

客户看都不看我。

我指着有些生锈的绿色小冰箱说："买二手房，冰箱肯定是要换的，为什么呢？之前的住户吃剩的饭菜全都放在冰箱里，万一住户有什么传染病，病菌就会随着剩饭剩菜进入冰箱。您想想，为了自己的健康，是不是得换掉冰箱？"

客户的眉头皱得更紧了，我指着阳台上米黄色的小洗衣机说："洗衣机就更别提了，之前的住户用它洗过内衣内裤，也不知道有没有皮肤病什么的，您肯定不会安心地把自己的衣服放进去洗。您想想，为了自己的健康，是不是得换掉洗衣机？"

我走到主卧门口，指着床说："张姐，买二手房千万不要留下之前的床。您想，之前的住户每天晚上都睡在这张床上，兴许还有别的人睡过。您住进来之后，每天睡到这张床上，心里能舒服吗？"

我指着掉皮的衣柜说："衣柜和床都是配套的，既然要换床，衣柜也得一块换掉。只要是买二手房的客户，我都会建议他们把床和衣柜换掉，宁愿买一套便宜的，也不要睡别人睡过的床，因为你根本不知道之前有什么样的人睡过这张床。"

我本来想说饭桌，但一转头看不到饭桌，而且餐厅也有点小，干脆就略过不提。我指着客厅里老旧的沙发说："张姐，这套沙发有些破旧了，我觉得实木沙发更适合您。"

客户微微地点了点头。我走到厨房门口，对客户说："张姐，您看，厨房是重新装修过的，您买个煤气灶和抽油烟机就可以做饭了。"

客户没有说话。我又走到卫生间门口说："我觉得这个卫生间还不错，洗手盆和马桶都是新的，省了不少事。"

我走进客厅，看了看墙壁，指着雪白的墙壁说："张姐，房子住久了之后，边边角角的地方就会发霉，变得很脏。所以，买二手房一定要重新刷墙。您看，这套房子的墙是刚刷过的，买下来就能直接入住。"

显然，客户对这套房子还没有产生购买的冲动。我接着说："张姐，买了这套房子，您买一台洗衣机、一台冰箱、两张床、两个衣柜，就可以住进来。这台电视机是32英寸的，虽然小了一点，但可以将就着看。两间卧室都有空调，不用重新买了。如果您不喜欢这个沙发，您可以重新买一个沙发。即便换掉所有的家具和家电，也花不了1万元。"

客户没有什么反应，我就试探性地问："张姐，这个小区还有其他房源，要不要多看几套，对比一下？"

客户拿出手机看了一眼时间，想了想，说："既然来了，就多看几套吧。"

我给同事打了一个电话，让她把另外两套房子的钥匙拿过来，同事说5分钟后到。我在等客户的时候已经打电话跟同事说好了，让她帮我找这个小区的其他房源，到时候一起带客户看房。

"我的同事现在带钥匙过来，大概5分钟后到，我们下楼看一眼杂物房吧。"

客户愣了一下，问："还有杂物房？"

我点了点头就走出了房子。等客户也走出来，我一边关门一边说："张姐，这个杂物房还不错，可以放两辆电动车充电，暂时用不到的一些杂物也可以放进去。每个家庭都免不了会有一些杂物，大家都喜欢把它们放到阳台上，但这样放又占地方又挡阳光，晒衣服、被子的时候很不方便，想坐在阳台上晒晒太阳都没有地方。还有，如果去外面给电动车充电，一个月怎么也得花几十块钱。有了杂物房，一个月只需要花几块钱电费。时间长了，光充电就可以省一大笔钱。所以，这个杂物房是非常实用的。"

我带着客户来到了杂物房，客户站在门口认真地看着。

"小钟，这个杂物房是送的吗？"

我想起了房东说的话——等客户看中了房子，价格谈好了，再说送杂物房给客户。我只是摇了摇头，没有说话。

客户说："如果送杂物房，我就可以考虑买这套房子。"

客户的说法是先送杂物房再考虑买不买，这就说明客户还没有下定决心买这套房子，所以在这个时候我还不能松口。前几天的那个客户指名要买这个小区的房子，还说一定要买这个户型的房子，但隔了几天又说不买了，我碰到过太多这样的客户了。如果现在松口说送给她，她又不买，就白说了。这个杂物房可能是房东最后的谈判筹码，没有房东的同意，我不可能现在就把这个筹码扔出去。

场景分析

对于资金比较充裕的客户，经纪人可以建议把旧家电、家具全部换掉，强调这些东西都被别人用过了，自己用肯定心里不舒服。

对于资金比较紧张的客户，如买"上车房"的年轻情侣，经纪人则要使用不同的话术："你们小两口刚刚出来创业，花了这么多钱买这套房子，每个月还有月供，对你们来说压力还是挺大的，何必再花几万块钱买家电、家具。留着这几万块钱当创业基金，开个小店或做一些小投资，用钱来挣钱，比打工更好。等你们挣到钱了，把这套房作为婚房，再把家电、家具全部换掉，重新装修一下，弄得漂漂亮亮的。如果现在买家电、家具，等你们结婚的时候，还要再花一大笔钱重新买家电、家具和装修。"

对于房子里面已有的家具、家电，经纪人可以使用以下话术。

"这个冰箱有点旧，也有点小，但对你们小两口来说已经够用了，买瓶消毒水消一下毒就能用，没有必要买新的。"

"床和衣柜虽然有点旧，但还能正常使用。如果你不想睡别人睡过的床，换个床垫就行，没有必要全部都换新的。"

"客厅的沙发用的时间久了，有点脏，定做一个沙发套不过几十块钱，套上去就跟新的一样。这种布艺沙发比较容易脏，沙发套脏了就洗一下，洗完了跟新的一样，所以没有必要换沙发。"

"墙壁看起来有点脏，买一桶环保漆也就几百块钱，完全可以自己刷，人工费都省了。如果你不会刷墙壁，可以找个师傅帮你刷，加起来只要花一千来块钱。"

场景 41 带看前如何打预防针

场景还原

我看了看时间，已经过了 5 分钟，正要拿出手机给同事打电话，这时远处有个人向我招了招手，原来同事已经到了。

"张姐，我的同事到了，我们过去看房吧。"

同事领着我们上了 4 楼，走到一间房子门口敲了敲门。很快，有一位阿姨打开了门，让我们进来随便看。我们一起走进房子里面，阿姨走进厨房做饭去了。

这套房子的户型和刚刚那套房子的户型一样，装修风格是中式的，家具都是实木的，看起来很漂亮，房子里面非常干净整洁。客户走进卧室看了看，走进厨房、卫生间和阳台看了看，在客厅里来回走动，不知道在想什么，看样子有点舍不得走。

客户突然走进厨房问那位阿姨："您好，您是房东吗？"

我见客户过去直接问阿姨，瞬间出了一身冷汗。我刚才只是安排同事把钥匙拿过来带客户看房，并没有给客户打预防针，也不知道同事有没有给这位阿姨打预防针。万一客户真的喜欢这套房子，直接跟房东谈好价格，那么我之前的工作就都白做了。如果客户和房东谈好价格，并且双方都不给中介费，只给我们一个代办手续费，场面就会变得非常尴尬。

阿姨正忙着做饭，头也不回地说："我不是房东，我是租客。"可能很多经纪人都带客户来看过这套房子，客户经常问阿姨这个问题，她已经习惯了。我悬着的一颗心总算落了地。我看着同事，同事也看着我。我递了一个眼神，她对我笑了笑，她知道我想说什么。我和同事配合了好几年，成交了很多单子，所以她联系房东看房的时候，我根本不会过问，我对她特别放心。

人靠衣装马靠鞍，房子靠装修。看得出来，客户喜欢这套房子的装修。

客户有些兴奋地问："小钟，这套房子卖多少钱？"

我小声说："张姐，咱们出去再说吧，在这里说话不是很方便。"我指了指正在厨房做饭的阿姨。走出房子之后，我问同事这套房子卖多少钱。同事对客户说："张姐，这套房子稍微贵一点，总价是 38 万元，而且有些家具要搬走。"

客户点了点头。我和同事带客户看了很多房子，同事跟客户也挺熟。我问同事还有没有别的房子能看，同事拿出手机拨了一个电话，电话很快接通了。

"王哥，您到房子里了吗？好的，我们现在就过去。"

同事把电话挂了，微笑着对客户说："张姐，还有一套房子可以看，简单装修，总价是 36 万元。咱们先去看看，看完再说。"客户点了点头。

我拿出手机，用微信问同事是否已经给房东打好了预防针，同事发了一个 OK 的表情。

之前我疏忽了，这次可不能犯同样的错误了，我得马上给客户打预防针："张姐，一会儿去看房，您就算看中了，也不要表现出来。如果像刚才那样，您觉得房子不错就舍不得走，房东就知道您看中了他们家的房子，接下来我们就很难跟房东谈价格了。您想想，如果您正在卖房，有一位客户一眼就看中了您家的房子，表现出很想买的样子，您会不会主动降价卖给他？"

客户有些不耐烦地点了点头。我停下脚步，一脸认真地说："张姐，一会儿去看房，就算您看中了，也要出了门再告诉我，我会帮您去跟房东谈价格。我们有一套完整的谈价方法。您千万不能让房东知道您看中了他们家的房子，如果房东知道了，就不可能同意降价了。"

"小钟，你已经跟我说了很多遍了，我知道应该怎么做。"

我心想，您嘴上说的和刚才做的可不一样啊，我能不多说几遍吗？在带客户看房之前，一定要给买卖双方都要打好预防针。有一些客户根本不相信经纪人的报价，也不按经纪人说的去做，见了房东就直接问房东底价是多少，这往往会让后续的价格谈判的难度大大提高，甚至无法进行。保险起见，房东那边也要打好预防针。

你也可以这样说

经纪人在带客户看房之前一定要给买卖双方打好预防针，上好双保险，而且给房东和客户打预防针要使用不同的话术。

经纪人对房东可以这样说："我带这位客户看了很多房子。他确实诚心买房，但每次带他看房，他还的价都很低。现在，我们给客户报的价是100万元。待会儿客户去看房，客户问您价格的时候，您就说100万元。如果客户想跟您谈价格，您就说已经把房子交给中介公司代理了，让他和我们谈，我们尽量帮您卖个好价钱。这位客户非常精明，如果他知道您着急卖房，还的价只会更低。所以，谈价格的事情就交给我吧，我保证谈一个让您满意的价格。价格不满意，您也不会卖，对不对？"

经纪人对客户可以这样说："大姐，房东是一个特别精明的人，上次有一个客户看上了他家的房子，当面跟房东谈价格，房东不仅不降价，反而涨价了。您一会儿去看房，就算看上了，也不要表露在脸上，更不要当面跟房东谈价格。如果房东知道您看上了他家的房子，等我们去帮您谈价格的时候，房东就不可能再降价了。"

到了房门口，同事敲了敲门，然后往后退了一步，等着房东开门。之前，有一位同事带客户看房，敲完门之后就凑上去看猫眼，想知道里面有没有人。这个房子的门是往外开的，房东猛地把门打开，一下就撞到了他的鼻子，鼻血不停地往外流，那个场面别提有多尴尬了。

房东很快把门打开，让我们进去。房东说了一句"你们随便看"，就坐在客厅的沙发上玩手机。

这套房子装修很简单，家具和家电也很普通，估计之前一直处于出租的状态。如果买了这套房子，家具和家电肯定要全部换掉。

我坐在客厅的沙发上跟房东闲聊，让客户自己看房。之前我已经跟客户说了这套房子里有哪些家具和家电，装修情况如何，就没有必要再说一遍了。

我以前有一位同事，他在带客户看房的时候总是跟客户保持 1 米的距离。客户往前走一步，他也往前走一步；客户往后退一步，他也往后退一步；客户看什么，他就介绍什么。他的这种做法会让客户产生一种很不舒服的感觉。

假设你现在要买房，跟着经纪人去看一套房子，并且觉得这套房子很不错，你会不会考虑客厅里的沙发买多大的、怎么摆，电视机买多大的、怎么摆，卧室里的床买多大的、怎么摆，衣柜买多大的、怎么摆？如果经纪人在你旁边说个没完，总是打断你的思路，你会不会感到很烦呢？

我带客户看房的时候，总会尽可能地给客户留一点空间，让客户自己思考，而不是一味地自卖自夸。等客户提出疑问，再给客户解答也不迟。

客户之前看过户型相同的房子，所以只看了 2 分钟就走了。下楼之后，我问同事还有没有其他房子可以看。同事不紧不慢地从包里掏出两把钥匙，说："还有两套可以看，一套是两居室，一套是三居室。"

我扫了一眼钥匙上的门牌号，这两套房子我之前都看过，这个小区两居室的户型都是一样的，三居室的面积稍微大一些。

我对客户说："张姐，我们去看看吧，这两套房子的装修都不错。人靠衣装马靠鞍，房子靠装修。您可以多看看别人家是怎么装修的，等您买完房后，就可以按照自己喜欢的风格去装修。"

客户有些累了，带着一脸不情愿的表情说："小钟，两居室的户型都是一样的，还有什么好看的？三居室面积太大，我用不上，就不看了。"

我说："张姐，买房和买衣服差不多。您买了一件几千元的衣服，如果不会搭配，那么这件衣服穿在身上的效果就跟几十元的衣服差不多。反过来，您买了一件几十元的衣服，如果裤子、鞋、发型都搭配得很好，显得您特别有气质，那么这件衣服穿在身上的效果就跟几千元的衣服一样。有些人懂装修，花2万元就能装出10万元的效果；有些人不懂装修，花了10万元才装出2万元的效果。那套房子就在前面，看一下也就需要5分钟。"我说完就直接走在前面带路，不给客户拒绝的机会。

同事语气温和地说："张姐，我们是为了您好。我们见您诚心买房，才带您多看几套。如果是别的客户，我们根本不会准备这么多房源。买房的时候就要多看几套，这样才不会买错。"我和同事已经形成了很好的默契，我说服不了客户，她就出面说服客户，她说服不了客户，我就出面说服客户，这就是和同事配合带看的好处。

客户一脸无奈，但还是选择跟着我们去看房。

为什么要带客户看这么多房子？客户看这么多房子不会看得眼花缭乱吗？假设你要买房，你跟着经纪人去看了好些房子，觉得有一个小区还不错，回家之后你会做什么？你会不会上网把这个小区的全部房源找出来，打电话约经纪人去看房，一套一套地对比，看哪一套便宜、哪一套装修比较好、哪一套更适合自己就买哪一套？

现在，90%的房源都是网络房源，你有的房源别人也有。你不带客户去看房，客户就会找别的经纪人去看房。如果客户找别的经纪人买，我前面做的所有工作都是白费力气。所以，与其让客户找别的经纪人去看房，还不如我自己带客户多看几套房子。至少我很清楚客户喜欢哪套房子、不喜欢哪套房子，也能更有效地掌控客户。客户见我这么卖力地带他看房，也不好意思跑单。

我带着客户很快就走到了前面那栋楼三层的一套两居室房门口。走进房子后，我站在阳台上看风景，同事坐在沙发上等客户。两居室的户型都是一样的，该说的话之前已经说了，所以我们就让客户自己看，留出时间让她思考一下将来怎么装修房子。

这套房子也是重新装修过的，打扫得干干净净，家具和家电刚买了不到半年，房东自己住在这里。这套房子的装修风格比较适合年轻人，看起来温馨时尚。

客户站在客厅中间，双手抱在胸前，看样子她比较喜欢这套房子的装修。她先走进主卧看了看床和衣柜，然后走进餐厅打开冰箱看了看，接着走到阳台打开洗衣机看了看，完了又走进厨房打开橱柜门看了看。最后，她回到客厅，双手抱在胸前，似乎在考虑如果买下这套房子应该怎么装修。

过了好一会儿，客户说看完了，可以走了。通过她刚才的举动可以看出，她还是比较喜欢这套房子的。因为她连续看了三套户型相同的两居室，但看这套两居室的时候足足花了 10 多分钟。在这个时候不适合提成交的事情，毕竟客户接受这个小区还需要一定的时间，而且我现在也不能百分之百地确定客户喜欢这套房子。

我带着客户走到小区门口，转头问客户："张姐，您现在去哪里？我送您过去吧，您就不用打车了。"

客户想了想，说："我住的地方离这里不远，你送我回去吧，我懒得打车了。"我去路边骑上电动车回来，对客户说："张姐，您着急回去吗？要不我带您到小区附近转转，看看菜市场、小公园和其他的配套设施吧。"

客户掏出手机看了一眼时间，说："走吧，去转一转也好。"同事见我带着客户去兜风，就自己骑着电动车回公司了。

菜市场就在小区门口不远的地方。到了菜市场门口，我停好车，带客户进里面逛了一圈。其实，我也不太清楚这个菜市场里什么菜比较便宜，我只是挑本地人喜欢吃的几样菜说说。我有时候自己做饭，有几道菜做得还凑合，我凭着有限的做饭经验跟客户聊这个菜怎么做汤，那个菜怎么炒好吃。客户做饭的经验比我丰富多了，说起炒菜、做汤，她来了兴趣，跟我说起了她平时是怎么做饭的。

从菜市场出来的时候，客户还在不停地跟我说做饭的事情。我心想，带客户来菜市场算是来对了，这个菜市场离小区非常近，客户肯定会对这个优点印象深刻。说到最后，客户说买完房子后邀请我到她家做客，让我尝尝她的手艺，也让我教她几道本地菜的做法，我笑呵呵地答应了。

我骑车带着客户到了小公园门口，停下车来，简单地介绍了小公园里有哪些适合老年人参加的活动。接着，我带着客户绕着小区转了一圈。低头一看，我的电动车还有 10% 的电。我担心待会儿骑到半路车没电了，就先把客户送回了酒店。

场 景分析

经纪人带客户看房之前要跟客户说，不要当面跟房东谈价格，即便喜欢也不要表露在脸上。这是因为很多客户看到喜欢的房子，就当面跟房东讨价还价，买卖双方都争一口气，都不肯在价格上让步，就容易导致无法成交。

如果客户喜欢某个户型，而经纪人手上还有同户型的其他房子，最好一次带客户看完，或者回到公司后马上找同户型的其他房子，不断地让客户对比装修。如果经纪人不这样做，客户回到家后很可能在网上找同户型的其他房子，找别的经纪人去看房子。

场景 42 如何应对出价反复无常的房东、客户

场 景还原

晚上 7 点，我打电话跟进二楼两居室的房东。电话一接通，我马上说："周哥，我今天带客户看了您家的房子，客户觉得还不错。我想问问您这套房子现在最低多少钱，过一会儿我打电话跟进客户，想办法让客户下单。"

"33 万元净收，啥也不管。"房东不耐烦地说。

我心想，居然涨价了？这个房东真的不好把握啊！

"周哥，您今天下午不是说 33 万元，还给中介费吗？"

"刚刚别的经纪人打电话过来说他那边可以 33 万元净收。"房东理直气壮地说。

我隐约感觉到房东买卖房子的经验很丰富，就试探性地问了一句："周

哥，我看这套房子刚装修完没多久，是不是买的时候就打算很快转手？"

话一出口，我觉得自己问得太直白了，马上解释："周哥，我必须跟客户说清楚证件的问题。我以前接触过不少炒房客，他们事前不跟我提公证委托书的事情，最后拿着公证委托书跟客户签合同。很多客户是第一次买房，不相信公证委托书，所以不敢签合同，成交不了。最后，房东和客户都怪我，说我太不专业了。您说我冤不冤？周哥，房本上是您的名字吗？还是需要做公证委托书？"

有时候，因为房东没有时间或没有条件到现场办理手续，就会办理公证委托书，委托第三人跟买方签订房屋买卖合同，办理过户手续，缴纳相关税费，协助买方办理贷款，办理水、电、煤气、有线电视、物业交割等手续。

有些买房投资的人会利用这个漏洞规避因过户产生的费用，但这种做法存在很大的风险。等办完所有的公证手续、付完房款之后，万一发生房子被查封或房东出现财务纠纷等情况，就会产生很大的麻烦，甚至引发法律纠纷。

房东笑了："你怎么知道我要做公证委托书？"

其实，我在看房的时候发现厨房、卫生间都重新装修过，门窗是新换的，墙壁也是重新粉刷过的，房子里面非常干净，没有人住过的痕迹。更重要的是，装修用的材料都不太好。这完全是炒房客的做派：买下一套房子，简单装修之后再快速转手。我不想跟房东解释这么多，只想确认证件的问题。

我问："周哥，这套房子是用公证委托书去过户吗？"

房东想都不想，直接说："是的，用公证委托书过户。"

原来他真的是炒房客，怪不得涨价比翻书还要快。

我叹了口气，说："好吧，我现在给客户打电话，问问客户能出多少钱，然后给您回复。不过，您这边临时涨价，我估计很难成交。"我说完就把电话挂了。

我想了想待会儿怎么跟客户说，然后拨通了客户的电话。"张姐，您觉得今天看的这个小区怎么样？我怕小区太旧了，您不喜欢。"

我用自问自答的方式来试探客户，以此判断客户是否喜欢这个小区。

"小钟，我本来想买新的、环境好一点的小区，之前已经看中了一个新楼盘，准备交定金，但今天看了这个小区的房子之后吧……唉！我又不想买了。第一次跟你看房的时候，开车送我过来的朋友就住在新小区。我之前去过她家，那个小区太安静了，没有人气。我这个人比较喜欢热闹，我老伴也喜欢热闹的地方。"

看来，我今天的工作没有白做，客户对这个小区的印象还不错。

我用平静的语气说："张姐，我觉得这个小区非常适合您，所以才向您推荐了这个小区的房子。有些经纪人只带客户看了一套房子就逼着客户买，没有诚心诚意地为客户着想，也没有花心思挑选合适的房子。客户刚跟经纪人看完一套房子，经纪人就说其他客户马上要交定金了，现在不交定金，这套房子就卖出去了。您碰到过这样的经纪人吗？"

客户笑了："呵呵，小钟，你是怎么知道的？"

"张姐，其实这些经纪人多半都是新手。他们入行太浅，还不明白要站在客户的角度考虑问题。您看，我带您看房看了这么久，我催您交过定金吗？"

客户不说话，好像在想我到底说没说过让她交定金。我打这个电话的目的是了解客户是否喜欢这个小区、喜欢哪套房子，所以我马上转移话题："张姐，今天我带您看了好几套房子，您更喜欢哪一套？"

"最后看的那一套多少钱？"

"你说的是三楼那套吗？"我问。

"对，三楼那套。"

"张姐，三楼那套卖 36.8 万元。"

"那么贵！第一套最低多少钱？二楼、装修很差的那套。"

"二楼那套最新的报价是 33 万元，我还没有认真地跟房东谈过价格。我还不清楚您喜欢哪一套，所以我没法去谈啊。手上没有客户就跟房东谈价格，房东肯定得数落我半天。"

我的做法是先明确客户喜欢哪一套房子，再让客户报价，接着让客户交诚意金，最后再谈价格。

客户想了一会儿，说："你先帮我跟二楼这套的房东谈谈价格，我考虑一下买哪套。"

什么？让我先跟房东谈价格，谈出来一个最低价，你才考虑买哪一套？你都没还价，我怎么去跟房东谈？

打个比方，我跟房东谈到了 100 万元，客户说降到 95 万元就买，我谈到了 95 万元，客户又说降到 90 万元就买，客户永远希望成交价格再低一点。但是，房东永远希望成交价格再高一些，我一味地帮客户压价，最后的结果就是无法成交。所以，我必须先确定客户喜欢哪套房子，只有这样我才知道怎么跟房东谈价格。如果我一上来就跑去跟房东谈价格，也总算把价格谈下来了，但客户这时说不想买了，那我岂不是白忙一场吗？

我用为难的语气说："张姐，您得先确定买哪套，我才好跟房东谈价格。假设您现在要卖房，我跟您谈了半天，最后您总算同意降价了，客户却说不想买了，您会不会怪我？"

客户想了十几秒，说："嗯……小钟，你觉得哪套房子比较好？"

在给客户打电话之前，我已经决定向客户重点推荐二楼这套房子，因为这套房子的价格很便宜。但是，我不能一上来就推荐这套房子，否则客户就会觉得我是带着目的给她打电话的。我先把每一套房子的优点和缺点分析一遍，然后引导客户买二楼这套房子，效果就会好得多。

"张姐，如果让我买，我会买五楼这套，因为我喜欢住得高一些，空气也比较好。五楼这套房子的装修不错，但是房东要搬走一些家具、家电，这么算下来，价格就高了一些。"

客户打断我的话："小钟，三楼那套呢？"

原来客户喜欢装修漂亮的房子，我想都没想，直接说："张姐，三楼这套挺好的，装修很温馨，看着很舒服。不过，现在的价格是 36.8 万元，不算便宜。如果买这套房子，墙壁肯定要重新刷，还要买洗衣机、冰箱、床，还要定做橱柜，加起来差不多要 40 万元，有些不划算。"

客户又打断我的话："那你觉得哪套比较好。"

我想了几秒钟，说："张姐，我觉得二楼这套比较划算，也比较适合您。先说楼层，有时候您买了很多菜或提着比较重的东西，走楼梯就会很不方便。但是，这套房子在二楼，上二楼只需要走几个楼梯，不费什么劲。再说价格，二楼这套的价格便宜很多。而且，厨房、卫生间都是重新装修过的，门窗是新换的，墙壁也是刚刷过的，您买一些家具、家电就可以搬进去住。买这些家具、家电只需要 1 万元左右，就算买好一点的，也只需要 2 万元左右。全都加起来，也就是 35 万元。我觉得二楼这套比较划算。张姐，您觉得呢？"

客户用满不在乎的语气说："小钟，这套房子的厨房、卫生间、门窗用的都是便宜货，最多用一两年就坏了，装了还不如不装。我买了还得拆掉重新装修，反而要花更多的钱。二楼这套房子的底价是多少？"

如果我说房东的底价是 33 万元，客户肯定不相信，还价还得会更狠。

我说："张姐，之前房东的报价是 36 万元，上个星期我同事跟房东谈到了 35 万元，前两天好不容易谈到了 34.5 万元，但没成交。昨天，我的另一个同事跟房东谈价格，谈到了 33 万元。现在，房东已经不肯降价了。"

面对只问底价不肯出价的客户，我的做法是详细说明谈价格的过程，强调自己千辛万苦才把价格谈了下来。只有客户知道房东已经不太可能再降价了，才会出一个相对合理的价格。我在公司的房源系统里面看到了同事打电话跟进房东的记录，同事反复跟房东讨价还价，才把价格谈了下来，我也是实话实说。

等了十几秒，客户才慢悠悠地说："小钟，我出 31 万元，谈得下来我就买，谈不下来就算了，毕竟我还要买家具、家电什么的。"

这个价还得也太狠了！绝大部分客户第一次出价只是为了试探房东的底价，所以客户的第一次出价往往不可信。

我无奈地说："张姐，昨天我同事的客户出 32 万元，都谈不下来，您现在出 31 万元，根本没法谈啊！"

我直接把价格卡在 32 万元以上，免得客户还以为有很多降价空间。我之前做了很多铺垫之作，目的是把价格卡住，不让客户出过低的价格。

"你试着帮我去谈吧，先按 30 万元去谈，慢慢地加钱，但最多加到 31 万元，谈不下来再说。"客户说完就把电话挂了。

我遇见的绝大部分客户第一次出价时都是这样，我已经见怪不怪了。我还得打第二个、第三个电话，说服客户加钱。

过了一个小时，我拨通了房东的电话："周哥，我是小钟啊。我刚刚跟客户聊了好久，客户看中了您家的房子。我今天带客户看了这个小区的四套房子，装修都比较好，其他房子的价格贵一些。您这套房子的装修差一些，客户买下来还要重新装修。现在最低多少钱？我想办法让客户加点钱。"

房东很不耐烦地说："刚刚不是跟你说了吗？33 万元净收。"

"周哥，这也太贵了吧？虽然这套房子刚刚装修过，看着还行，但是客户挺懂行，说卫生间、厨房、门窗用的都是便宜货，最多用一两年就坏了，装了还不如不装，自己还得拆掉重新装修，还得花更多的钱。那些家具、家电就不用多说了，都是古董。"

"我就卖这个价，你不要跟我谈价格。她能出得起，我就卖。出不起，我就不卖。"

房东说这句话就像背书一样，我估计有很多经纪人都跟他谈过价格。客户挂电话之前让我从 30 万元开始谈，房东肯定不会接受这个价格。不过，这个房东买卖房子的经验比较多，应该已经习惯了客户在第一次出价的时候出低价，我不妨就按客户的要求出价。

"周哥，我刚才跟客户聊了好久，客户出 30 万元，您觉得怎么样？"

"不卖！"房东说完就把电话挂了。

这只是第一回合，接下来我得想其他办法试探房东的底价。

场景分析

遇到房东突然涨价的情况时，经纪人不能想着只打一个电话就说服房东降价，而要反复地告诉房东"我已经打了好几个电话让客户加钱，但是客户不肯加钱"，不停地让房东降价。如果房东真的想卖，就会降价。

很多客户第一次接触这个小区，不了解这个小区的市场价格，所以第一次出的价格往往非常低。遇到客户出价过低的情况时，经纪人也可以用同样的方法告诉客户"我已经很认真地帮您谈了几次价格，但是房东不肯降价"，反复地告诉客户目前的价格已经是房东的底价，这样客户才会相信。

场景43 让客户交诚意金的第1个电话怎么说

场景还原

第二天早上 10 点，我又给客户打电话，电话那头传来很嘈杂的声音，估计她正在超市或菜市场之类人多的地方。

"张姐，现在方便说话吗？"

"小钟，什么事？你说吧。"

"张姐，您那边有点吵，我想跟您说说房子的情况……要不，我待会儿再打给您吧。"

"好吧，半个小时以后我打给你。"

给客户或房东打电话时，如果对方说话不方便，就换个时间再打。我想跟客户好好聊聊，如果客户不能静下心来听我说，说了也是白说。过了一个小时，客户没有主动给我打电话。我拿起电话打给客户，电话很快接通了，这次没有嘈杂的声音了。

"张姐，您现在说话方便吗？"

"方便，你说吧。现在是什么情况？房东卖多少钱？"

看起来，客户还是比较关注这套房子的。

我用无奈的语气说："张姐，我昨天晚上跟房东聊了好久，房东才降了2000 元，现在是 32.8 万元。我已经尽力帮您谈了，您之前出的价太低，我实在谈不下来。"

　　房东跟我说底价是 33 万元，但他反复无常，随时都可能改变主意。通过他说话的语气，我凭借多年的经验判断这个价格还可以往下谈，但是能降多少实在不好说。这就是我先给客户降 2000 元的原因。如果实在不行，我就给客户减 2000 元中介费。

　　我之前已经做好了铺垫，跟客户强调我们已经跟房东谈过很多次价格了，从 36 万元一直谈到了 33 万元，所以房东不肯降价是很正常的，不是房东不诚心卖房，而是这个价格已经是房东的底价了。不过，如果一分钱都不降，客户难免会对房东产生怨气，如果有其他的房子可选，客户很可能就会放弃这套房子。

　　我只降 2000 元这么少的钱也是在告诉客户：如果你诚心买，就得加钱，因为房东那边已经不肯降价了。

　　"小钟，这个价格一点都不能谈了吗？"

　　我还是用无奈的语气说："张姐，要不您交点诚意金，我去找房东面谈。有钱在手上的话，可能比较好谈。"

　　"什么是诚意金？价格还没谈好，你让我交什么钱？"

　　我连忙跟客户解释："张姐，我跟您说一下什么是诚意金。房东每天都会接到很多经纪人的电话，但大部分时候都是谈谈价格就没了下文，所以很多房东后来都学精了，接到经纪人的电话就问有没有诚心买房的客户，没有的话就免谈。如果拿着钱去跟房东面谈，房东就知道我手上有诚心买房的客户，才愿意跟我谈价格。我成交的很多单子都是拿着诚意金去跟房东谈，才把价格谈下来的。"

　　"我不交这个钱。你叫房东出来跟我面谈。"

　　客户好像认为我是骗子。

　　我心想，一说到交钱，她就跟换了个人似的，说明她是一个非常谨慎的人。既然如此，我就不往下说了。我用无奈的语气说："好吧，我打电话给房东，问问房东有没有空跟出来跟您面谈。"我说完就把电话挂了。

　　其实，很多客户都是这样的，之前说话都很客气，一说到诚意金的事情，脸色马上就变了，我已经见怪不怪了。换位思考一下，我第一次买房，不知道什么是诚意金，价格还没有谈好，所有的手续还没有谈好，连房东和房子的证件还没见过，经纪人就让我交钱，我肯定也不会交。

诚意金也叫意向金，不同的地方有不同的叫法。在房产交易中，很多时候都会涉及诚意金，但诚意金不是法律意义上的违约金或定金。客户交了诚意金之后，经纪人去跟房东谈交易价格和条件，如果谈不成，就要把诚意金退给客户。交易价格和条件都谈好了，但经纪人没有把诚意金转给房东，没有把诚意金转为定金，客户此时要求退还诚意金，中介公司是一定要退的。

很多经纪人见到客户发脾气，就不敢给客户打电话了，也不敢叫客户交诚意金了，这些经纪人的心理素质还不过关。经纪人谈单时一定要保持理性，不能被客户的情绪带着走，不能让客户的言语和行为影响自己的谈单思路。

挂了电话之后，我走到店门口静静地看着车水马龙，思考下一次给房东打电话时应该说什么。

过了一会儿，我拿出手机拨打房东的电话，房东不接我的电话。又过了 10 分钟，我再次拨打房东的电话，电话接通了。

"周哥，您家的房子卖出去了吗？"

我说话的时候不带任何情绪，因为我不想让房东猜透我的想法。

如果你家的房子要卖，有一位经纪人天天都给你打电话，让你把房子卖给他的客户，你会不会卖给他？你肯定会这样说："客户能出 ×× 万元我就卖，出不了这么多钱我就不卖。"所以，我跟房东谈价格的时候会通过各种方式告诉房东：你想卖就卖，不想卖，客户就会要求去看其他房子，并不是非要买你家的房子不可。

"没卖！"房东很不耐烦地说。

"周哥，我今天早上跟客户聊了好久，客户加了 1 万元，现在的出价是 31 万元，您觉得这个价格怎么样？"我还是平静地说。

"你老是打电话过来谈价格，烦不烦？低于 33 万元我就不卖！"房东的语气非常不耐烦，这说明他是一个没有什么耐心的人。遇到这样的房东，价格反而比较容易谈，因为他没有耐心跟经纪人兜圈子。

我借坡下驴，赶紧说："周哥，中介费呢？"

"我出。"

"周哥，客户想约您见面谈谈房子的细节，您有时间吗？"

"客户出的价这么低，有什么好谈的？你的客户是诚心买房吗？交诚意金了吗？每天都有好几个经纪人让我跟客户见面谈价格，我都烦死了！等你的客户交了诚意金再说！"房东说完就把电话挂了。

我心里乐开了花：我现在已经把房东的底牌摸清楚了！

谈单是最伤脑筋的，你可能已经想好了步骤和方法，但随着房东和客户的想法的改变，你的步骤和方法也要随之改变。

我站在店门口看着来往的行人和车辆。过了一会儿，我拿出手机翻了翻通话记录，跟客户通话是半个小时之前的事情，这次打过去应该怎么说呢？

我心想，客户现在不着急买房，而且半个小时之前我刚给她打过电话，如果很快就再给她打电话，会不会显得我太着急？而且，客户刚才的态度有所转变，如果我跟得太紧，她可能会真的认为我是骗子，我还是下午再打吧。

场景分析

经纪人最好在不经意间委婉地跟客户提起诚意金："大姐，您有没有听说过诚意金？"

如果客户说没听说过，就跟客户简单地讲一遍。很多客户第一次听说诚意金，听到经纪人说先交钱后去谈价格，就会很反感。因此，第一次聊到诚意金时只需要简单地向客户介绍诚意金，大部分客户不会马上就交诚意金。

场景44 让客户交诚意金的第2个电话怎么说

场景还原

等到下午3点，我拨通了客户的电话。

"你好，小钟，什么事？"

"张姐，我今天给房东打了好几个电话，前几次他都不接，最后一次才接起来。我估计有很多经纪人给他打电话，他看到我的电话都懒得接了。我跟房东说您想跟他见面谈价格，房东问我您出多少钱，我说您出31万元。他说这个价格太低，不用谈了。他还说天天都有经纪人打电话约他跟客户见面谈，他都烦死了。他说他哪有那么多时间面谈，价格不合适就没什么好谈的，说完就把电话挂了。张姐，现在房东认为您出的价太低了，不想跟您面谈，怎么办呢？"

客户冷冰冰地说："房东现在卖多少钱？"

我说："房东又降了1000元，现在是32.7万元。"

我继续以减中介费的方式先给客户降一些价。我觉得自己有能力把这3000元谈下来，所以我才有底气给客户减中介费。

"小钟，你帮我去跟房东谈，我出32万元，一次性付款。"客户的语气缓和了很多。

"张姐，您能不能交点诚意金？带着诚意金去跟房东谈价格对您有好处。"

客户马上问："有什么好处？"

我说："张姐，第一个好处是，您交了诚意金之后，我们公司就把这个房源封盘了，谁也联系不上房东。您想一想，全市有好几千个经纪人，天天都有经纪人带客户去看房，天天都有经纪人打电话跟房东谈价格。好些新手什么也不懂，他们没有客户，也不会说话，总是给房东打电话，说这套房子卖便宜了，让房东涨价。"

我接着说："还有，您交了诚意金之后，就算我的同事有客户出32.7万元，我们也会先问您的意见。如果您愿意加钱，您就有优先购买权；如果您觉得 32.7 万元这个价格太贵，我一分不少地把钱退给您。所以，交诚意金的第一个好处就是您拥有优先购买权，我们会把房源保护起来。张姐，您听明白了吗？如果听不明白，我再给您解释一遍。如果您听明白了，我就说第二个好处。"

其实，我担心客户把电话扔到一边，不听我解释，等我说完就把电话挂了。如果是这样，我就白说了。

"你说说第二个好处。"客户冷冷地说。

通过客户的语气，我判断客户还是不太相信我说的话。不过，我已经习惯了，毕竟 10 个客户就有 9 个客户在第一次听到诚意金时不相信经纪人说的话。

我说："张姐，我现在说交诚意金的第二个好处。我们公司有一套跟房东谈价格的方法，第一个电话跟房东说行情，第二个电话跟房东说市场价格，第三个电话跟房东说房市政策。如果房东不肯降价，我们就会带几个谈判能力很强的客户去看房，让他们跟房东讨价还价。我的同事会轮流给房东打电话，试探房东的底价，压低价格。此外，我们还会使用很多谈价手段。针对不同的房东，我们会使用不同的话术。不瞒您说，我们用公司的这套方法总能谈出来一个比较低的价格。如果单靠我一个人打电话跟房东谈价格，房东就没什么压力，很难把价格谈下来。只有客户交了诚意金，我们公司才会使用这套方法帮客户去跟房东谈价格，因为使用这套方法需要耗费很多人力。"

我放慢语速说："张姐，交诚意金的第二个好处是我们会使用一套最有效的谈价方法去跟房东谈价格，您听明白了吗？用不用我再解释一遍？"

经纪人跟客户说诚意金的事情时一定要充满自信。只有这样，客户才会觉得经纪人能帮他们把价格谈成。

"你接着说吧。"客户还是冷冷地说。

我说："张姐，我现在跟您说交诚意金的第三个好处。客户交了诚意金之后，我们就会带着诚意金合同去房东家里谈。如果聊得不错，房东答应了我们提出的价格，我们就马上把定金转给房东，让房东签字、按手印，不给房东反悔的机会。如果不当场交定金给房东，房东很可能会跟家里人商量。家里人觉得卖便宜了，房东就会反悔。等我们再去跟房东谈价格时，房东肯定不会降价，甚至还会涨价。我干这行这么多年，这种事情见得太多了。"

我想起了之前谈单失败的几个案例，无奈地对客户说："张姐，上次我有一个客户看中了一套房子，我好不容易和他谈好了价格，还跟房东约好第二天早上到我们公司签合同。没想到，房东刚到我们公司，就有其他公司的经纪人打电话过来，问房东这套房子卖多少钱。房东直接说了我们谈好的价格，那个经纪人说他的客户愿意多加 5000 元，房东就直接去那家中介公司了，他签完合同才告诉我这件事。最后，客户跑来公司投诉我，说我太不专业了。我真的是太冤了！我早就让他交诚意金，他就是不肯交。后来，他加 2 万元买了一套同小区、同户型的房子。"

我接着说："还有一次，我花了一个上午和客户、房东谈好了价格，约他们中午过来签合同，其他门店的同事看到这个房源的最新价格，马上约自己的客户过去交定金。公司规定，谁的客户先交定金，这个单子就是谁的。我忙活了半天，又替他人做了嫁衣。我的客户跑来公司投诉我，我真的很无奈！张姐，交诚意金第三个好处就是只要谈好了价格，就直接将诚意金转为定金交给房东，不给房东反悔的机会。您听明白了吗？"

客户说："小钟，你继续说，我在听。"

"张姐，有些客户需要贷款，我们还要帮他们跑银行、做评估，还要帮他们查征信、打印银行账户流水、找银行的信贷员咨询这套房子能贷多少钱，后续的工作非常多。很多客户觉得我们的工作就是给房东打几个电话谈谈价格，但我们其实要付出很多的时间和精力，还要维护好各个方面的关系。有很多细节问题都需要在正式签合同之前落实，全部写在诚意金合同上面。"

"我又不贷款，不需要办贷款的手续。"客户突然说。

我早就知道她不贷款，但我还是提到了贷款的事情。如果她一直"嗯嗯嗯"地敷衍我，我说再多交诚意金的好处，她也听不进去，我说了也是白说。她反驳我，就说明她在认真地听我说话。

我用无奈的语气说："张姐，我知道您不贷款，但是还要帮您咨询税费方面的问题，还要跟房东谈什么时候过户，什么时候交房，如何处置家电、家具，如何分摊物业费、水电费等。这些事情全都要在交定金之前谈清楚，全都要写在合同里。如果签了合同，但这些事情没有事先谈好，没有写在合同里，房东突然不想卖了或者想找借口涨价，就会利用这些小问题毁约。严重的话，甚至需要打官司。"

交诚意金的三个好处一定要跟客户说清楚，贷款情况、谈价格的过程、签合同的细节也要跟客户说清楚。

不少客户认为经纪人的工作非常轻松，只不过是给房东打几个电话谈谈价格，动动嘴皮子就要收好几万元中介费。这完全是误解，经纪人的工作实际上非常复杂。

经纪人要把自己谈单的过程告诉客户，让客户知道经纪人的难处，让客户知道价格不是那么好谈的。客户认为经纪人的工作非常辛苦，自然就不会对支付中介费有那么大的抵触情绪了。

我停顿了一会儿，客户没有说话。我就试探性地问了一句："张姐，诚意金您交 2 万元还是 3 万元？"

我不会问客户要不要交诚意金，因为客户给我的答案永远是"不交"。我直接问客户交 2 万元还是 3 万元，客户只能选择 2 万元，因为根本就没有"不交"这个选项。

我们在外面吃螺蛳粉的时候，很多收银员都会问你加一个卤蛋还是两个卤蛋，你多半会回答加一个卤蛋。但是，如果收银员问你要不要加卤蛋，你多半会回答不加。这就是所谓"二选一"的销售技巧。

客户沉默了十几秒，说："小钟，你让我考虑考虑。我在外面，我先忙点别的事情。"

我走出店门，坐在电动车上，看着路边来往的行人，回想着客户说的话。客户已经加到了 32 万元，这说明客户挺喜欢这套房子，还可以加一些钱。我说交诚意金的好处的时候，客户也在认真地听，这说明她想知道交诚意金有什么好处，交了诚意金能不能让她以最低的价格买下这套房子。

谈单非常耗费脑力，我必须分析客户和房东说的每一句话，了解他们心里的真实想法。

过了 10 多分钟，我掏出手机拨打房东的电话，电话很快接通了。

"周哥，我是小钟，今天又打电话跟客户谈了好久，客户又加了 5000 元，现在是 31.5 万元。我知道您不可能按这个价格卖，我只是打个电话向您汇报一下工作。"客户挂电话之前让我先按 31.5 万元的价格去跟房东谈，我只能按客户的要求去谈。

我直接说房东不可能接受 31.5 万元这个价格，房东听了就会放下戒备。房东的情绪比较放松，我才好跟房东谈价格。我才不会像别的经纪人那样，一打通电话就直接跟房东谈价格，那样做只会让房东更加抵触。

我手上仍然有 5000 元的筹码，就算价格实在谈不下来，我也可以让客户跟房东见面谈。

房东不耐烦地说："还有什么事情吗？没有的话，我就挂了啊。"

"周哥，客户已经加了 1.5 万元，您多多少少也让一点吧。这个客户诚心买房，我会继续让客户加钱。我不像别的经纪人那样，手上没有客户，却老是打电话跟您谈价格。我每次都让客户加钱，您一分钱都没有降过，您让我怎么谈呀？"

我说得合情合理，房东想发脾气也发不了。

我厚着脸皮说："周哥，如果您不想卖，您就直接告诉我，我带客户去看别的房子，免得我老是给您打电话，您心烦，我也累。"

投资客很少得罪经纪人，因为他们要靠经纪人帮他们找房源、帮他们卖房，这样他们才能赚到钱。我心里有数，所以才敢这么直白地跟房东说话。

"这样吧，我降 3000 元。"

房东终于松了口。这个房东反复无常，他虽然嘴上说降 3000 元，但有可能是在 34 万元的基础上降 3000 元，我必须问清楚。

我赶紧问："32.7 万元，另外还出中介费？"

房东很不耐烦地说："是的，我现在有事，你跟客户谈好了再给我打电话吧。"说完就把电话挂了。

场 景分析

经纪人一定要反复跟客户强调交诚意金的三个好处：房源封盘，取得优先购买权；享受专门的谈价服务，能跟房东谈出更低的价格；防止房东反悔。

如果有机会，经纪人最好当面跟客户说诚意金的好处。如果客户心动了，就会当场交钱；就算客户没被说服，也会到处打听有没有诚意金这回事。

场景45　让客户交诚意金的第3个电话怎么说

场 景还原

晚上8点，店里的几个同事在聊天，我走到路边看着天空的繁星，心里想着待会儿应该跟客户说什么。过了一会儿，我掏出手机，拨打客户的电话。客户不接我的电话，难道我今天说得太多了？还是客户对诚意金非常反感？

我转念一想，这个客户不交诚意金是不行的，她每次看房都迟到，而且从来不向我道歉，根本不在乎我的感受。如果她不交诚意金，我就不敢帮她谈价格。就算谈下来了，她说一句"我不买了"，我也拿她一点办法都没有。白忙一场还算是好的，如果房东把我拉进黑名单，我以后就再也没有机会卖他的房子了。

有些客户信守承诺，说一是一，说二是二。遇到这样的客户，我可以先帮他们谈价格，只要价格谈下来，他们一定会买。如果他们没看中，就不会叫我去谈价格。

8 点 30 分的时候，我又给客户打了一个电话，电话很快接通了。

"小钟，你好。"客户用热情的语气说。

客户突然对我很热情，不会是看中别的房子了吧？

我连忙说："张姐，我今天跟房东谈了整整一天，房东好不容易降了1000 元，现在的价格是 32.6 万元。"

我每次给客户打电话，第一句话都是房东已经降价了，这样客户才会高高兴兴地跟我聊。我继续给客户减了 1000 元中介费，因为我相信我能把价格谈下来。就算最后真的要给客户减 1000 元中介费，我也能承受。如果不给客户降价，我真的不知道该跟客户说什么。

不少经纪人每次给客户打电话，第一句话总是让客户加钱。他们催着客户加钱，只会招来客户对他们的反感。换位思考一下，如果你去买房，你让经纪人帮你去跟房东谈价格，经纪人还没有去谈就让你加钱，你会不会抱怨"那我找你干什么"？所以，经纪人一定要懂得安抚客户的情绪，如果客户对你反感，根本不想跟你聊，就更不可能加钱了。

"小钟，我见你谈得挺辛苦的，这样吧，我出 32.5 万元，你继续帮我谈。不过，你先按 32 万元去跟房东谈。"客户用热情的语气说。

听到这个价格，我知道成交有希望了。我说："唉……张姐，我从来没有谈过这么难谈的单子，真的是心力交瘁呀！"

"呵呵，小钟，辛苦你了，你要继续加油啊！"客户笑着说。

现在客户的情绪很不错，客户也表达了对我的认可，这是让客户交诚意金的最佳时机。

我说："张姐，您能不能交点诚意金给我？拿着诚意金，我才好理直气壮地去跟房东谈价格啊。现在，房东一接我的电话就发火，他说我一天打好几个电话跟他谈价格，却根本不知道我手上是不是真的有客户。最后一次给他打电话的时候，他说要想谈价格，就带上诚意金来谈。我还没说完话，他就把电话挂了。我估计天天都有很多经纪人跟他谈价格，他都快烦死了。"

"交多少钱？"客户冷冷地说。一说到钱，客户说话的语气就变了。

我说："张姐，诚意金一般交 2 万元或 3 万元。"

"太多了，我的朋友买房的时候才交了 2000 元。"客户冷冷地说。原来，客户担心我骗她，自己去跟朋友打听了诚意金的事情。

"张姐，诚意金交多少都是可以的。我拿着 2000 元的诚意金去跟房东谈，就算价格谈下来了，当场把诚意金转为定金，房东一看才 2000 元，收都懒得收。就算房东肯收 2000 元定金，如果有其他中介公司突然插上一杠子，多交几千元给房东作为定金，房东就可以随时反悔。"

我深吸了一口气，继续说："张姐，要不这样吧，您交 5000 元诚意金，我帮您去跟房东谈价格。如果能谈下来，我先把 5000 元转给房东。为了防止房东反悔，签合同的时候您再补交 2 万元定金。您看怎么样？"

客户沉默了一会儿，说："好吧，我明天去你们公司细聊。"

"张姐，你明天几点来我们公司？"

"早上 10 点吧。"

我突然想到了杂物房，这可是我的重要筹码。

我问："张姐，那个杂物房您还要不要？"

"杂物房……"客户有点犹豫地说，"你叫房东送给我吧。"

我无奈地说："张姐，房东不同意送啊！"

"那就不要了，你让他卖给其他人吧。"

"好的，我先帮您谈价格，杂物房就暂时不谈了。"

我回到公司，给自己冲了一杯茶。客户为什么这么爽快地答应交诚意金？我想事情可能没有那么简单，她很可能会带她的朋友过来。

客户这边先不想了，我开始想给房东打电话的时候应该说什么。过了一会儿，我掏出手机拨打房东的电话，电话很快接通了。

"喂……"房东用很不耐烦的语气说。

"周哥，我刚刚跟客户谈了半个小时，客户好不容易加了 5000 元，现在客户愿意出 32 万元。我真的从来没有谈过这么难谈的单子。"

"你觉得难谈就不要谈了，真的差这几千块钱吗？老是打电话过来烦我。"

不少新手会被房东的这种态度吓退，不敢再给房东打电话了。经纪人谈单的时候，一定要多打几个电话，这样房东才会知道经纪人手上有诚心买他家房子的客户。

"周哥，谁得罪您了？是不是别的经纪人忽悠您了？您把他的电话号码给我，我好好教育一下他。"我开了个玩笑。

"你有话就说，不要啰唆。"

如果房东真的觉得我很烦，他可以不接我的电话或挂掉我的电话。为什么他还要跟我说话呢？这说明他还是想尽快把房子卖出去。我突然想起来今天有一个同事问我这套房子能不能贷款，他有一个客户也想买这套房子。

"周哥，我的同事有一个客户想贷款买房，不过这个小区太旧了，您的房子做过评估吗？还能贷款吗？"我问。

"客户想贷款？"房东突然沉默了。

如果客户选择贷款买房，那么银行的放款流程至少得花三个月的时间。房东买这套房子纯粹是为了投资，他肯定想快速地把房子卖出去。有现金在手上，他才能周转得开。时间就是金钱，房东比我更懂这个道理。

"是的，还有一位客户想贷款买房。"

"贷款的话，我卖 34 万元，少一分都不卖。"房东又开始翻脸不认人。

"周哥，您的房子到底着不着急卖？如果您着急卖，我就只能找可以一次性付款的客户了。"

房东不说话了，估计他在考虑利弊得失。我也不说话，静静地等着房东的回复。

过了十几秒，房东说："我还是这个价，32.7 万元净收。"

"中介费呢？"我连忙问。

"我出两个点的中介费。"

"周哥，杂物房有没有证？"

"杂物房没有证，只有一张收据。"

房东想了一会儿，接着说："小钟，你跟客户说了送杂物房吗？"

"周哥，没有您的同意，我怎么敢跟客户说送杂物房。您不会临时改变主意，为了一个杂物房又不卖了吧？"

这个房东老是变卦，我把话说在前面，免得他又以杂物房为借口涨价。

"你让客户加到 32.7 万元，我把杂物房送给他。"房东用轻松的语气说。

我一听，整个人都兴奋起来了。现在，杂物房已经成了重要的谈判筹码。

"好的，我明天去找客户面谈。我尽量明天就把定金收了。"

"行，你还有什么问题吗？"房东又开始用不耐烦的语气说话，我估计房东现在已经怕了我了。

"周哥，您有不动产权证复印件吗？给我发一份，我明天去跟客户收定金。"

"你加我的微信，我的手机号码就是我的微信号，我发给你。还有别的事情吗？"

"没有了，周哥，我现在就加您的微信。"

场 景分析

经纪人打了三个电话，跟客户说了三次诚意金，客户也答应了交诚意金。但不要高兴得太早，因为很多客户来公司以后会重新了解诚意金。经纪人连诚意金合同都写好了，客户来公司后突然说再考虑考虑，然后就走了，这样的情况并不少见。

因此，客户来公司之后，经纪人还要反复强调交诚意金的三个好处，让客户不再犹豫。如果买卖双方见面谈好了价格，客户突然说不买了，房东很可能会把经纪人拉进黑名单。

场景 46 客户交诚意金，如何应对"军师"

第二天早上 9 点 30 分，我走到店门口给客户打电话。

"张姐，您 10 点能准时到我们公司吗？我在公司等您。"这个客户每次看房都不准时到，我真有点怕了她。

"可以。"

"好的，我在公司等您。"

我已经把诚意金合同改好了，门牌号、付款方式、价格、家电、家具、中介费等重要条款全都写在合同里了。我仔仔细细看了三遍，确认没有问题，才打印出来。

诚意金合同

　　填写说明：请在【 】中选择内容，打√表示确认，并在下划线上填写内容，否则打×，以示删除。

　　甲方（中介方）：×××房地产代理有限公司

　　地址：＿＿＿＿＿＿＿＿　联系电话：＿＿＿＿＿＿＿＿

　　乙方（买方）：＿＿＿＿＿＿　身份证号码：＿＿＿＿＿＿＿

　　联系电话：＿＿＿＿＿＿＿＿　联系地址：＿＿＿＿＿＿＿

　　一、通过甲方询盘、介绍、带领看盘等居间服务，乙方对位于××××小区的物业（以下简称"该物业"）产生购买意向，并向业主×××先生/女士提出如下条件。

　　1. 建筑面积：×××平方米（以【房产证面积】【商品房买卖合同面积】为准）。

　　2. 售价：人民币（大写）××××元整（￥：××××元整）。

　　3. 交房时间：卖方于××××年××月××日交房给买方。

　　4. 付款方式：【一次性付款】【按揭付款】。

　　5. 交易税费：交易所产生的税费、手续费由×方承担。

6.其他：家具、家电××××。

二、乙方同意与业主签订买卖合同，并按成交价的××%向甲方支付咨询及中介服务费。

三、乙方签订合同时同意支付人民币（大写）××××元整（￥：××××元整）给甲方代为保管，作为购买该物业之诚意金。若业主同意该物业售价为人民币（大写）××××元整（￥：××××元整）或低于此金额，并同意上述第一条规定的各项条件，乙方即确认成交。甲方无须获得乙方另行指示，即可将诚意金转交给业主，该诚意金自业主收到时即视为购房定金的一部分，并以业主出示定金收据予以确认。

四、若甲方在××××年××月××日之前不能与该物业业主达成以上第一条所列条件，则须将诚意金全额退还给乙方，乙方在此期限内不可提前终止合同。

五、若甲方在上述期限内取得符合条件的业主承诺，乙方须于业主收取定金之日起××天内签署《房屋买卖合同》，否则业主有权没收定金并另行出售该物业。此外，乙方仍须即时付给甲方相当于成交价的××%的咨询及中介服务费。

六、甲方就上述条件取得业主承诺后，乙方或其家属、代理人与该物业业主私下交易的，乙方须支付上述委托价的××%作为违约金。

七、为保障乙方利益，乙方向甲方支付任何一笔款项时，甲方经纪人须提供盖有甲方印章的收据或发票，以确认甲方收到该笔款项。

八、所有通知、文件、资料的送达地以本合同记载为准，邮寄之日起五日后视为送达。

九、本合同一式两份，由甲、乙双方各执一份，具有同等法律效力，本合同自双方签字之日起生效。

十、备注：＿＿＿＿＿＿＿＿＿＿＿＿＿＿＿＿＿＿＿＿＿

甲方（签章）：××××房地产代理有限公司　乙方（签字）：

经纪人：

签约日期：　年　月　日　　　　　　　　签约日期：　年　月　日

我的工作习惯是提前把诚意金合同准备好，等客户过来就给客户看，没有什么问题就当场交钱、签字，然后就可以走了。如果等客户过来再写诚意金合同，情况就会变成你写一个字，客户看一个字，客户会看得更仔细，还会在旁边不断地提问。有些客户没有什么耐心，他们会在旁边不断地催促你快点写，你很容易写错或遗漏一些重要的细节。人们常说成功是留给有准备的人的，经纪人不事先做好准备就会增加交易失败的风险。

早上10点，我站在店门口等客户，客户还没有到。我最讨厌不守时的人，但没有办法，客户就是上帝，客户来得再晚，我也得等着。

10点20分，我看到一辆黑色的桑塔纳缓缓地驶过来。我一看就觉得不妙，因为客户带了一位"军师"过来。不管是什么情况，我都不能怠慢客户，我马上跑到前面指引客户把车停好。

我带着客户走进办公室，先拿出诚意金合同和不动产权证复印件给她们看，然后给她们倒水。等我把水放到她们面前的时候，她们还在认真地看合同，根本顾不上理我。我也不说话，静静地坐在旁边，等着她们把合同看完。

过了一会儿，客户指着一个条款对我说："价格谈好了，我突然不想买了，这个钱就不退了，是吗？"

我平静地说："张姐，如果钱还没有转给房东，我就可以把诚意金退给您。如果钱已经转给房东了，这笔钱就变成了定金，钱在房东手上，房东是不可能退定金给您的。当然，如果房东突然不想卖了，他也会赔偿双倍定金给您。"

客户微微地点了点头。

"军师"指着中介费的条款说："你们要收1%的中介费？我买房的时

候，中介公司都不收中介费啊！"

真是怕什么就来什么，我就没有遇见过跟着客户来了但不发表任何意见的"军师"。

我还是平静地说："大姐，我们收 1% 的中介费，也就是 3000 多元。我们要帮您办理过户手续、缴税、做水电过户，还要帮您理清这套房子所有的手续、交接房子。您就算请别人代办，也得花 3000 多元。"我说得有理有据，我自认为能说服"军师"。

谁知道"军师"理直气壮地说："中介费让房东出，我们不出中介费。"

我用诚恳的语气说："大姐，我卖一套房子真的挣不了多少钱。卖一套 30 多万元的房子，中介费还不到 1 万元。现在，房东跟我谈中介费，您也跟我谈中介费，中介费总共还剩大概 6000 元。这个房源是同事找来的，他要分走一半，公司要拿走 30% 的提成，最后到我手上才几百元。我一个月卖一套房就不错了，有时候两个月才卖一套房，我们干这行真的不容易，有时候连生活费都挣不回来。"

客户正要开口说话，"军师"拦住她，说："我上次买房就没给中介费，如果你们硬要收中介费，我们就去找别的中介公司。"

"军师"的态度很坚定，我担心如果不给她减免中介费，她真的会拉着客户去找别的中介公司，还好现在只是交诚意金，不用在这个问题上过多地纠缠。

我无奈地说："我去问问经理，再跟同事商量商量，毕竟这个单子不是我一个人的单子。你们先看合同，如果有写得不对的地方，就用笔圈出来，等一会儿我再修改。"

我把笔递给客户，走出办公室，把经理叫到店门口，跟他说了一下情况。

经理淡定地说："你谈单我放心。"

我笑了笑，目前最有用的谈判筹码就是杂物房。如果继续在办公室待着，"军师"肯定会提出更多的问题，我在外面透透气也好。过了一会儿，我大踏步地走进办公室。

我用无奈的语气说："张姐，这3000元对您来说根本不算什么事，但是对我的同事来说真的很重要。他到现在连这个月的生活费都没挣回来，很快就没钱交房租了。经理说，大家都是同事，该帮忙的时候就要帮忙。所以这个单子的中介费就这样吧，先帮同事解决房租的问题再说。"

场 景分析

"军师"总会有自己的想法，就算经纪人有很好的话术，"军师"也会反驳经纪人。

客户交了诚意金，经纪人才去跟房东谈价格，而且不一定能谈得下来。此时，"军师"是不会乱还价的，因为继续还价，恐怕更谈不下来，经纪人可以直接拒绝"军师"。只要客户交了诚意金，就算价格谈不下来，等"军师"走了之后，经纪人还可以想办法让客户加钱，最终达成交易。这就是让客户交诚意金的好处——排除"军师"的干扰。

如果买卖双方已经谈好了价格和条件，但"军师"过来之后出谋划策，就很可能发生两种情况：第一种情况是"军师"要求继续跟房东谈价格，而房东不同意降价；第二种情况是"军师"提出中介费打折的问题，而公司不同意打折。不管发生哪种情况，都很难成交。

场景47 诚意金转定金怎么说

场 景还原

为了防止客户到处去咨询其他经纪人，打听房子的底价，也为了防止其他经纪人故意捣乱，我还是要给客户打预防针。

"张姐，您交了诚意金之后，不要把这件事告诉其他经纪人，也不要把这套房子的信息告诉其他经纪人或朋友。可能您的朋友出于好心，想帮您谈一个更低的价格。但只要有其他人给房东打电话，就会打乱我们这边的谈价节奏，房东就会以为有很多人想买他家的房子，价格就降不下去了。"

"军师"不耐烦地说："行了，这个我们知道，还有别的事吗？"

我想了想，该说的话我已经都说了，她们不给中介费我也没办法。

我拿起合同把中介费的条款划掉，问："这份合同还有什么问题吗？"

客户拿起合同，重新认真地看了一遍。确定没有问题之后，我重新打了一份合同，客户签字、按手印，用微信转给我 5000 元。我本来想说杂物房的事情，但想想还是算了。

客户坚持不给中介费，这个单子即便最后成交了，中介费才 6000 多元。除了同事的分成，还有公司的分成，到我手上真的没有多少钱。我跟进这个客户已经花了一个月，从投入的时间来看，我反而是赔钱的。

听说中介费这么少，同事的脸色不太好看，我回头还得想办法补偿同事。如果没有同事的支持，很多单子根本就谈不下来，我必须维护好和同事的关系。我还想让客户加一点钱，但现在"军师"在这里，我也没法继续跟客户谈了。

我把客户送上车，等她们走远之后，我走回办公室，把诚意金合同收好。我走到店门口深吸了一口气，舒缓一下心情。

过了一会儿，我给房东打电话。电话刚接通，房东就说："不要跟我谈价格！再跟我谈价格，我就不卖了！"

我心想，姜还是老的辣，我还没开口，他就把我的嘴堵上了，那就下次跟他见面的时候再谈价格吧。

我说："这位客户我帮您搞定了一半，剩下一半还没有搞定。"

"什么叫搞定了一半？"房东好奇地问。

"周哥，在电话里说不清楚，我想跟您见面说说客户的情况。"

"有什么说不清楚的，你直接在电话里说，我没有时间跟你见面谈。"

"周哥，我知道您很忙，但是这个客户诚心买房，不然我不会给您打这么多电话，而且非要跟您见面谈。您说个地方，我去找您，只需要 10 分钟。"

我想约房东到店里谈，因为店里有各种合同，随时都可以修改，而且这是我的地盘，我肯定更轻松自在。不过，看这个情况，房东不是很想跟我见面谈，所以我只能主动去找他。

房东沉默了一会儿，说："一个小时之后，你来天街芒果咖啡厅吧。"

"好的，一会儿见面聊。"

为什么要跟房东见面谈？主要有两个原因：如果房东同意客户的报价，就可以马上把诚意金转为定金；如果房东不同意客户的报价，就让房东签委托书，然后想办法让客户加钱，向客户收定金，不给房东反悔的机会。

挂了电话之后，我马上开始写委托书。写完之后，我让经理帮我看委托书有没有问题。经理确认没有问题之后，我打印了四份。我担心万一委托书上面有什么错误，稍晚见客户的时候没法当场修改。我和经理商量了一下，做好了几手准备。我让经理带上公章、印泥和佣金协议书等，和我一起去找房东谈。

到了咖啡厅，我拨打房东的电话，有个人站起来向我挥了挥手。房东看起来40多岁，穿着粉红色带格子的T恤、黑色的休闲裤、深蓝色的休闲鞋，头发全部往后梳，显得格外老练。我连忙走过去，跟房东打招呼，向房东介绍经理。

我和经理是提前10分钟到咖啡厅的，谁知道房东提前到了。我看见房东对面的位子有两个杯子，杯子里的咖啡还没喝完。看来，刚刚有人在这里跟房东谈事情。

房东让我们坐下，随手按了一下服务铃，并把我和经理前面的两个杯子挪到旁边。

"你们喝什么咖啡？我请你们喝。"

"周哥，不用了，太麻烦了，我们跟您说完客户的情况就走了。"

服务员很快走了过来。

"这里的招牌咖啡不错，你们要不要尝尝？"

我看了看经理，经理不吭声。其实，我已经闻到了咖啡的香味，很想喝一杯。但是，在谈判桌上，经理不说话，我就不能擅自发表意见。

房东见我们不说话，就对服务员说："来两杯招牌咖啡。"

等服务员清理完桌上没有喝完的咖啡后，经理给我递了一个眼神，我拿出了诚意金合同的复印件给房东看。不过，复印的时候，我已经把客户的身份证号码、名字、电话号码遮盖了，这样做是为了保护客户的隐私，也为了防止房东知道客户的联系方式之后跑单。

我诚恳地说："客户已经交了 5000 元诚意金，但是客户不给中介费，您只给两个点的中介费，一共才 6000 多元。我的同事要拿走房源费，公司要拿走提成，到我手上只有几百块钱。为了卖您的这套房子，我前前后后忙活了一个月。如果最后只挣这么一点钱，我还不如去做一个租单。"

房东一直看着我，但不说话。

我叹了口气，接着说："客户现在出 32.5 万元，我还没有跟客户说送杂物房。"

现在要谈的就是这 2000 元的差价和中介费，杂物房按 5000 元的价格卖给客户不成问题，所以杂物房就是最好的谈判筹码。房东一看就是一个精明的商人，也不差这一两千元，所以我原原本本地把客户的情况说了一遍。房东不说话，我猜他正在考虑怎样才能跟客户快速成交。我不知道应该跟房东说什么，干脆也不说话，静静地等着房东回复。

过了一会儿，房东说："小钟，我可以再降 1000 元，32.6 万元。你跟客户谈杂物房，我可以按 4000 元卖。我这边给你三个点的中介费。这个杂物房是我当时花 6000 元买的，如果客户不要，我就卖给楼上的人。楼上有个人让我卖给他，但我不想分开卖，太麻烦了，因为杂物房是跟着房子的门牌号的。"

听房东这么说，我觉得成交的机会还是很大的。

"周哥，客户是一位大姐，一个人从外地跑过来买房，根本不相信中介公司。我跟她谈诚意金谈了很久，她才同意交 5000 元诚意金。她来交诚意金的时候带着朋友，她的朋友坚持不给中介费，我夹在中间，真的很尴尬。您能不能写一份委托书给我，我拿着委托书去找客户面谈？如果客户同意，我马上把诚意金转为定金，然后打到您的卡里，不给客户反悔的机会。我担心客户当时同意，但打电话问朋友之后又变卦，可能就成交不了了。"

房东想了想，说："委托书怎么写？我很忙，没时间到你们公司写委托书。"

我从公文袋里拿出委托书，递给房东。房东接过委托书认真地看了起来。

"周哥，为了不耽误您卖房，我在这份委托书上写的期限只有两天。如果两天之内我收不到定金，我就放弃这位客户。"

其实我担心房东不同意签委托书，才特意强调期限只有两天。我有九成的把握在两天之内和客户成交。

服务员送来了咖啡，我慢慢地品尝咖啡，等着房东看完委托书。

过了一会儿，房东指着委托书上空白的地方说："你把空白的地方都填好，包括价格、付款方式和杂物房，全都写清楚。"

经理接过委托书，掏出笔填写空白的地方。因为之前并没有跟房东说好价格、付款方式和杂物房，所以我特意留了空。经理写完之后，房东又看了一遍委托书。确认委托书没有问题之后，房东签字、按手印，我顺便用手机给不动产权证复印件、公证委托书和他的所有资料拍照。有这份委托书在手上，房东就没有反悔的机会了。

为什么要让房东写委托书？因为经纪人担心发生这几种情况：房东突然反悔，提出涨价或不卖了；自己去找客户面谈，客户同意了这个价格，但打电话问家人或朋友的意见之后又突然反悔；房东和客户来签合同的时候带了好几位"军师"，他们可能会提出意想不到的问题。只要诚意金没有转为定金，就是可以退的，这个单子就有无法成交的风险。

为了消除这个风险，经纪人让房东写好委托书，把诚意金转为定金，这是一种比较稳妥的操作方式。就算客户突然不想买了，或者带着"军师"过来，任何一方也不敢违约。因为谁违约，谁就得赔偿双倍定金。

回到公司，我本来想马上给客户打电话，但转念一想，客户刚交了诚意金，我现在打电话给他就显得太着急了。

中午 12 点，同事打电话问我："那套房子谈得怎么样了？我有一个客户出的价已经到位了，如果你的客户不愿意加钱，就把诚意金退了，让我的客户成交，我给你分点业绩。"

听到同事这么说，我更有底气了。我马上掏出手机拨打客户的电话，电话很快接通了。

"张姐，价格谈不下来了。现在就差 1000 元，我已经尽力了。如果您不想买，那就算了，我把钱退给您。对了，我好说歹说，房东同意把杂物房的价格降 2000 元。房东当时是 6000 元买的，现在只卖 4000 元。"

我以退为进，只给客户两个选项——要么买下，要么拿回诚意金。一套房子如果仅仅因为买卖双方的报价差 1000 元而成交不了，那就真的不是因为价格，而是因为客户心里觉得不舒服。我特意强调杂物房的价格降了 2000 元，让客户有一种占了便宜的感觉，客户就不会那么反感了。

客户愣了一下，还没有反应过来："杂物房要卖 4000 元？"

我说："张姐，那个杂物房，您还要不要？房东说楼上的人愿意出 4000 元，您不要的话，他就等房子过完户，再卖给楼上的人。"

为什么要等签完诚意金合同之后再说杂物房的事情？因为这是最后的谈判筹码。如果还没签诚意金合同就说杂物房的事情，客户肯定要讨价还价，跟房东谈杂物房的价格。

我说："杂物房也是房东花钱买的，当时房东花了 6000 元呢。"

"能不能再少一点？"

我平静地说："张姐，这个小区有很多房子没有杂物房，很多房东想买也买不到。杂物房是以前单位分配的，只有少部分人才能分到杂物房。电动车去外面充电，一个月至少要 40 元。很多人家里有两辆电动车，一个月就是 80 元，一年下来就是大概 1000 元。这个杂物房只卖 4000 元，两辆电动车充电加停放四年的费用绝对超过这个数了，所以这个价格一点都不贵。"

客户不说话，可能在想值不值得买。

我还是平静地说："张姐，我个人建议，您最好把杂物房买下来。如果您回头不想要了，还可以卖给别人，其实一点都不亏。杂物房可以带来很多方便，您既可以放杂物，也可以放电动车充电。"

客户想了想，说："4000 元就 4000 元吧，小钟，这个杂物房我也买了。"

"张姐，您现在有没有时间？我得在诚意金合同上写一条备注，注明房子的总价不包含杂物房的价格。"

"小钟，杂物房的价格就不用写到合同里了。"

"张姐，买房子的时候要先小人后君子。写到合同里的话，大家都清清楚楚；不写到合同里的话，万一房东把杂物房卖给其他人，您就吃亏了。"

"行，你现在来酒店找我吧。"

我和经理带上公司的印章去找客户，把诚意金合同上的总价改为 32.6 万元，加了一条备注，注明杂物房的价格是 4000 元，不包含在房子的总价内。我跟客户说签合同的时候要再补交 2 万元的定金，客户同意了。

回到公司的时候已经是下午 1 点多了，我的肚子已经叫了起来。我出去吃了一份快餐，本来想给房东打电话，但怕打扰房东午休，就趴在办公桌上睡了一会儿。午睡起来之后，我开始思考怎么做才能在今天就把合同签好，我必须想一个两全其美的办法。

想了一会儿，我让经理把诚意金转给房东。我掏出手机拨打房东的电话，电话接通之后，我说："周哥，5000 元的诚意金已经打到您的银行卡上了，您收到了吗？"

委托书上有房东的银行卡号，也写着可以直接将诚意金转账给房东转为定金的条款。我先把诚意金转到房东的银行卡上，再打电话告诉房东，这样操作是最安全的。现在，买卖双方都不敢反悔了。

"已经收到了。"

"周哥，今天中午我跟客户谈了一个多小时，客户好不容易才同意您提出的价格，也同意买杂物房。客户虽然已经交了 5000 元定金，但她还在对比其他房子，这 5000 元定金她随时都可以放弃。您买卖房子的经验这么丰富，您看要不要今天就把买卖合同签了，让客户补交一些定金，免得夜长梦多？"

我为什么要把决定权交到房东手上？因为我要让房东知道我很尊重他，我该收的定金已经收了，我该谈的价格也谈好了，现在就看他想不想签合同了。

房东想了一下，说："我下午 5 点有时间，你去安排吧。如果今天客户不签合同，我就跟其他中介公司的客户谈。如果别人出的价合适，我就赔双倍定金给她。"

"好的，我现在就给客户打电话，看客户有没有时间。"

挂了电话，我终于松了一口气。虽然客户已经交了 5000 元定金，但买卖双方还是可以随时反悔。我到隔壁的超市买了一瓶冰红牛，一口气喝完，有一种透心凉的感觉。一看时间，已经是下午 3 点 30 分了，我赶紧掏出手机拨打客户的电话。

"小钟，这套房子现在是什么情况？"客户热情地问。

"张姐，您的 5000 元诚意金已经转给房东了，已经转为定金了。房东说 5 点有时间签合同，如果您今天不签合同，他就跟别的中介公司谈价格。他已经提前跟别的中介公司约好了，如果其他中介公司的客户出的价合适，他就卖给其他客户，然后赔双倍定金给您。"

"小钟，房东这么做……会不会有些不地道？"客户的语气很不高兴。

我叹了口气，说："唉，如果是我，我也会不高兴。收了定金还想着卖给其他人，确实有点那个……不过，房东确实急着卖房，所以他才卖这么低的价格。上个月有个客户交了几千元给房东，拖着不签合同，房东就等了一个月，最后客户不买了，白白浪费了一个月的时间。所以，房东希望您今天补交 2 万元的定金，把过户时间定下来，只有这样房东才会安心。如果您是房东，之前碰到过客户违约的事情，您会不会也这么做？"

"让我想想……"

电话那头突然沉默了。我不说话，也不挂电话，静静地等着客户的回复。

"行吧！你跟房东说 5 点签合同。"

"好的，张姐，您在哪里？一会儿我去接您。您跑来跑去老是打车，太浪费钱了。"其实我很怕客户迟到，她经常迟到半个小时以上，我担心房东不耐烦就直接走了。

"好吧，我在酒店等你，你一会儿过来接我。"

我马上给房东打电话，跟房东约好5点到我们公司签合同。我看还有一些时间，就写了一份合同的草稿，其实就是把诚意金合同的内容抄一遍。我又跑到房子里，写了一份室内物品清单。时间差不多了，我决定提前去接客户，免得她又迟到。

把客户接到公司之后，我一看时间，已经是下午4点50分了。我把合同草稿给她看，并指着条款解释："房子的总价是32.6万元，杂物房的价格是4000元，价格是分开写的。"

客户点了点头，没说什么。我递给她一支笔，然后告诉她，如果有什么不合理的地方，就用笔圈出来，待会儿房东过来再看一遍，如果有什么不对的地方，我再一起修改。

我看了看时间，已经是下午5点整了。我让经理在办公室陪着客户，然后跑到店门口去接房东。我远远地看到一辆车驶过来，车窗缓缓地降下来，露出了房东的脸。我马上跑过去，指引房东停好车。

我一边带着房东朝店里走，一边跟房东说合同上写的房子的总价是32.6万元，杂物房的价格是4000元，两个价格是分开写的。

客户看完合同草稿没有说什么，也没有修改。我叫房东把公证委托书和不动产权证原件拿出来，然后把合同草稿递给房东看。过了一会儿，客户说不动产权证上的名字和房东身份证上的名字不一样，房东抬起头看了看我。

我平静地说："张姐，房东从朋友手上买了这套房子。当时他朋友在外地，没空过来办理过户手续，就做了这个公证委托书，这是受法律保护的。"之前房东跟我说过，这套房子是他从朋友手上买的。

我把公证委托书递给客户，说："张姐，有很多人不懂公证委托书，也不相信公证委托书。如果您不放心，明天我可以带着您去房管局拿着公证委托书去咨询能不能过户，等过完户之后再去银行转账。先过户再给钱，您尽管放心。"

客户一脸不放心的表情，我继续说："张姐，定金可以先放在我们公司，如果不动产权证有什么问题或过不了户，我们会把定金一分不少地退给您，您一点损失都没有。"客户对我的话还是半信半疑，我估计她也听得懵懵懂懂。

我转过头，对房东说："这份合同还有什么问题吗？如果没有问题，我就工工整整地写一份，给你们签字。"

房东说："我没有问题，你看大姐有没有问题。"

我转过头问客户："张姐，您对这份合同还有什么问题吗？"

"小钟，合同没问题，但是公证委托书我没听说过，我有些不放心。"

房东见我一时半会说服不了客户，就说："大姐，原来这套房子里面住的是一位领导，他住了一段时间之后，就被调到了别的地方。后来，我的朋友买了这套房子，住了 5 年。再后来，他买了一套大别墅，就搬走了。他本来不想卖这套房子，他说住在这套房子里运气非常好，精神状态也非常好，做生意顺风顺水，才有钱买大别墅。我磨了很久，他才同意卖给我，但他本人在外地，没有时间过来办过户手续，我才让他做公证委托书给我。买回来之后，我本来想把这套房子过户到我女儿的名下，让我老婆和女儿过来一起住。谁知道她们不肯过来住，说这个小区太旧了。现在，我在别的小区买了一套新房，需要一笔钱装修，所以我才把这套房子卖了。"

客户看着房东，似乎不相信房东说的话。我掏出手机，打开之前收藏的网页，网页上面是关于公证委托书的解答，都是专业律师的解答，我把手机递给客户看。

"张姐，先过户，再给钱。如果过不了户，您就不用给钱。我们公司开了这么多年了，如果连最基本的过户手续都办不好，早就关门了。您就放一百二十个心吧！"我说话的时候非常自信。

客户看了看我，咬了咬牙，说："行，小钟，我相信你。"

我说话的时候，经理在旁边已经抄好了合同。本来说好补交 2 万元定金，但是客户不相信公证委托书，坚持只交 5000 元定金。反正第二天就可以去办过户手续，房东也不在乎定金是多了还是少了，就同意了客户的要求。买卖双方开始签字、按手印。把他们送走之后，我终于松了一口气。

整个过程不到 20 分钟，但是每一分钟都要非常小心。哪怕说错一句话，都有可能成交不了。

我回到店里，店里响起一片掌声。经理大声地说："恭喜小钟！这个月已经成交了三单，都是全佣！"

场景分析

诚意金转定金是非常重要的一个环节。为什么先把诚意金转成定金，再让买卖双方见面签合同呢？如果没有把诚意金转成定金，买卖双方见面之后，客户可能会反悔，房东也可能会涨价，经纪人前面付出的所有努力都将化为泡影。

总　结

有时候，买卖双方已经谈好了价格，也约好了去公司签合同。在这个节骨眼上，其他经纪人打电话对客户说："我这边的中介费可以打折，我还可以帮您谈一个更低的价格。"碰到这样的情况，这个单子就很可能成交不了。

如果客户交了诚意金，经纪人就可以提前给客户打好预防针，也就是告诉客户"不能把房东目前的底价泄露给其他经纪人，如果其他经纪人知道了，我们帮您跟房东谈价格的时候，别的经纪人就会故意抬高价格，价格肯定就降不下来了"，这时客户一般都会配合经纪人跟房东谈价格。

还有一些客户会带上"军师"去签合同，这些"军师"往往有这样一种心态：朋友叫我过来帮忙看合同，我当然要充分展现自己的价值，帮朋友多争取一些有利的条件。在签合同之前，买卖双方已经谈好了价格，但"军师"来了之后往往会继续向房东压价："你再降 1 万元，不降我们就不买了。"

之前双方已经谈好了价格，这时房东还会同意降价吗？肯定不会。如果"军师"坚持己见，而客户又犹豫不决，恐怕就很难成交了。

还有一些"军师"对部分合同条款指指点点，提出一些房东不可能接受的条件，导致无法成交。

如果经纪人之前让客户交了诚意金，并且签了合同，里面写明交易价格、付款方式、过户时间、税费明细、家具和家电处置方式、中介费金额等细节，就相当于提前敲定了买卖合同的核心条款，而且可以直接把诚意金转为定金，稳稳当当地成交。此时，买卖双方都不敢违约，因为违约就要赔偿双倍定金。

谈单：怎样进行价格"卡位"，如何谈成单子

很多经纪人非常努力地找房源、找客户、跟进客户、跟进房源，客户好不容易看中了一套房子，也交了诚意金，但最后因为客户的出价和房东的底价差一点，双方无法成交，导致经纪人白忙一场。

不少经纪人在谈单的时候没有掌握好节奏，只给房东和客户打一两个电话，房东不肯降价，客户不肯加钱，他们就埋怨房东太抠门、客户太小气。

客户和房东就像矛和盾，房东总想让价格高一点，客户总想让价格低一点。经纪人夹在中间，偏袒哪一方都不行。二手房谈单要做到"三赢"——让房东、客户和中介公司都满意，所以比普通的谈单更加困难。

如何让房东觉得这套房子卖了个好价钱？如何让客户觉得这套房子买得值？经纪人必须使用恰当的方法和技巧。

场景48 价格"卡位"怎么说

场景还原

一天早上，开完早会之后，我正站在店门口想当天的工作安排，手机突然响了。我拿出手机一看，屏幕上显示"买皇家花园三居室谢哥"。

我努力地想了一下，终于想起来他是半年前看过皇家花园三居室的客户，我马上接起了电话。

"谢哥，您好。"客户停顿了几秒，他可能在想为什么我知道他姓什么。

"我在网上看到你有一套皇家花园的三居室。"电话那头传来一个中年男人的声音，一听就是本地口音。

"是的，您什么时候有时间过来看房？这套房子目前比较抢手。"我先把气氛搞得紧张一些，好让客户尽快过来看房。

"网上的图片都是真的吗？我看装修得富丽堂皇的。"

我估计客户没少被其他经纪人的假房源忽悠，所以不太相信网上的图片。

我笑着说："呵呵，谢哥，这些图片都是真的。房东花了 30 万元装修，而且这套房子没人住过。"

"装修得这么漂亮，一天都没住过？房东为什么要卖房？"

我说："这个房东很有钱，他买这套房子就是为了度假。他在别的地方买了一套更好的房子，这套房子总是空着也太浪费了，就打算卖掉。每个人的想法不一样，可能对这个房东来说，买套房子就跟我们买件衣服差不多。"

客户没有说话，估计他在想我说的话是真的还是假的。

我说："谢哥，如果您现在有时间，就过来看一下房子。我觉得这套房子特别适合您。如果您总是拖拖拉拉的，慢慢看，慢慢对比，好房子就都让别人买走了。"

客户想了一下，说："中午下班后我过去，12 点 30 分到小区门口，你要准时。"

"好的，我有钥匙，我提前在小区门口等您。"

"好的，那中午见面再说。"客户说完就把电话挂了。

这是一套 100 平方米的三居室，在 10 楼，有电梯，装修豪华，家具、家电全送，底价是 100 万元，但房东让我们报 105 万元。按照目前的行情，户型相同、简单装修的房子的价格大概是 90 万元。

中午 12 点 20 分，我拿着钥匙在小区门口等客户。中午 12 点 29 分，客户到了小区门口。我心想，这个客户还挺守时的。

客户停好车走过来，笑呵呵地说："我还以为是谁，原来是你。"

我以前带这个客户看过很多房子，半年前他看中了皇家花园的一套房子，总价是 85 万元。我让他交诚意金，他不肯交，结果那套房子被我同事的客户买走了，他后悔也晚了。

我也笑呵呵地说："谢哥，您一直在关注这个小区的房子吗？"

"附近的小区都看了一遍，还是这个小区的环境比较好，户型也比较合适。"

客户想了想，一脸疑惑地问："小钟，这套房子真的花了 30 万元装修吗？"

我一边带着他朝房子的方向走，一边说："房东说这套房子装修花了 30 万元，我也不知道是真的还是假的。不过，房子用的装修材料都很好，家具、家电也都是高档货，我觉得花十几万元肯定装不出来这个效果。"

我不敢在客户面前把话说死，万一成交之后客户想违约，就会拿装修来说事："你不是说装修花了 30 万元吗？拿出证据来！"我哪有什么证据？如果客户以这个为理由说我和房东串通起来骗他，我就会非常被动。

我和客户很快走到了房门口，我掏出钥匙打开门。客户走进房子后眼睛一亮，脸上露出了兴奋的表情，但只是一瞬间。

我站在客厅里，让客户随便看。他一会儿进厨房，一会儿进卫生间，看得不亦乐乎。他看这个户型的房子已经看了半年了，他可能比我还了解这个户型。

客户想要试一下家电，但发现没有通电，就让我打开电闸。打开电闸的一瞬间，屋子里所有的灯都亮了，给人一种富丽堂皇的感觉。水晶吊灯射出来的光洒在地板上，特别漂亮。

我见桌上有灯的遥控器，就拿起来按了几个按钮，红灯、黄灯、绿灯接连亮起来，就像夜空中一闪一闪的星星。我马上把窗帘全部拉上，灯显得更加漂亮了，客户看得入了迷。

"谢哥，买这套灯具估计就得花 1 万元。"

"哪有这么贵？这种灯很便宜。"客户嘴上这么说，但脸上充满了喜悦的表情。

客户试了所有的电器，看它们通电之后能不能正常工作。其实，这完全是多此一举，因为这些电器连标签都没摘掉，根本就没用过。况且，所有电器的保修卡都在，就算是坏的，也有保修。

试完电器之后，客户开始试三间卧室里的三张床。他每进一间卧室，就躺在床上，感受床垫舒服不舒服，评价床的做工好不好。我一个人坐在客厅的真皮沙发上等他，这个沙发坐上去特别舒服，不软不硬刚刚好。

"谢哥，您过来坐一下沙发，这个沙发坐起来太舒服了！"

客户从卧室走出来，也坐到沙发上。我懒洋洋地靠在沙发上，说："谢哥，这套沙发和茶几估计要 5 万元以上。"

"哪有这么贵？"客户嘴上这么说，但脸上充满了笑容。

客户左看右看，足足看了 40 分钟才跟我说看完了。我锁上门，去按电梯。

客户看着我说："这套房子 90 万元卖不卖？"

我若笑着摇了摇头。

客户追问："房东的底价是多少？"

我说："谢哥，等您看好了，确定要买，我再去找房东谈价格。我谈了半天，您不买，那不是为难我吗？"

客户想知道房东的底价，但在他还没决定买这套房子之前，我是不会告诉他房东的底价的。

"小钟，你去帮我问问房东这套房子 90 万元卖不卖。如果能卖，我可以一次性付款。"

客户死死地盯着我，想通过我的表情摸清楚这套房子的底价。

我无奈地说："谢哥，您看房看了这么久，这个小区的价格您比我还了解，简单装修的三居室才是这个价。如果是简单装修的房子，买下来之后还要重新装修，买家具和家电。这些您都知道，我不想反复说了。买房子得花 90 万元，装修和买家具、家电至少得花 10 万元，加起来怎么也得 100 万元以上。这套房子的装修这么好，家具和家电都是全新的，而且没人住过，我觉得 105 万元的价格一点都不贵。"

客户没有从我嘴里得到他想要的信息，只好说："明天中午下班我带家里人过来看看，再说吧。"

这个客户很精明，也不着急买房，纯粹是想捡便宜。我现在不会催着他成交，我越催他，他越觉得房东着急卖房，还价还得会越狠。

我们很快走到了小区门口，我把客户送上车，客户自己开车走了。房东是公司区域经理（简称"区经"）的朋友，虽然没有签独家委托合同，但这套房子只放在我们公司卖。房东要求我们报 105 万元，所以我们都跟客户报 105 万元。房东的底价是 100 万元这件事只有区经和我知道。

第二天中午 12 点 30 分，客户带着老婆和孩子过来看房。客户一进房子就打开电闸，调五颜六色的灯给老婆和孩子看，然后带着孩子在这张床上躺一会儿，在那张床上躺一会儿。

我觉得自己是多余的人，于是坐在客厅的沙发上，看着他们一家人东看看、西瞧瞧。过了一会儿，客户回到客厅，坐到了沙发上，然后喊老婆和孩子过来坐。我识趣地站起来走到阳台上，留出点空间让他们夫妻俩商量一下。

突然，有人打开门走了进来，原来是我的同事带着客户进来看房，客户刚刚的喜悦情绪一扫而空。我见客户看得差不多了，就走回客厅说："谢哥，我们走吧。这里说话不方便，下楼再说。"

我对同事点了点头，走出房子，在门口等客户。客户见我已经出来了，也带着老婆和孩子走了出来。

下楼之后，我拿出一份事先准备好的房源列表，说："谢哥，这个小区在售的三居室都在这里，您看看哪一套是您没看过的，我带您去看。"

客户接过去，在这栋楼门口绿化带的边上坐了下来。这个表列出了所有房子的门牌号和价格，上面的价格都是底价。客户一套一套地看，看得很认真。我相信他看过这个列表中的绝大部分房子，我做这个表就是为了让客户对比这个小区所有的三居室房源。客户的老婆见我们在谈价格，就带着孩子回去了。

客户一边看手上的列表，一边瞅刚看完的这套房子的单元门。我心想不妙，马上掏出手机发微信问同事他的客户还要看多久，同事说他的客户看得很仔细，估计还要看半小时左右。我这才放下心来，给同事回复了一个 OK 的表情。

客户把房源列表还给我，说："小钟，刚刚看的这套房子最低多少钱？"

客户反反复复地问我这套房子的底价，但我是不可能直接告诉他的。我只能把话题扯远一些，先跟他说房东以前的报价是多少，再告诉他我们之前是怎么样跟房东谈价格的。

"谢哥，这套房子两个月前的报价是 120 万元，上个月有一个客户要买，我们慢慢地跟房东谈价格，谈到了 115 万元，上个星期谈到了 110 万元。这两天，其他同事的客户也想买这套房子，现在谈到了 105 万元。您现在问我最低多少钱，我真的不好说，我只能尽力去帮您谈。"

这套房子的价格是由区经控制的，他的嘴巴非常严，我反反复复地用不着急买房的客户的出价跟他谈价格，他才告诉我这套房子的底价是 100万元。他这么做也是为了保护房东的利益。他怕公司里的新手一上来就把底价告诉客户，客户肯定还会要求降价，房东一生气就不给我们公司卖了。我相信没有其他同事知道这套房子的底价，因为他们都不敢跟区经谈价格。这也是我有底气在客户面前报 105 万元的原因。

"小钟，能谈到 90 万元吗？"客户的眼睛死死地盯着我，他想通过我的表情判断这套房子的底价。

我面不改色地说："谢哥，您刚才已经看了这份房源列表。90 万元的房子是什么样的，您很清楚。我同事昨天有个客户出 100 万元以上都谈不下来，更别提 90 万元了。"

客户想了想，又看了看单元门，说："我出 93 万元，一次性付款，你先帮我谈谈看。"

"谢哥，93 万元这个价格是不可能谈下来的。这份列表上的房子，您想看哪一套，我就带您看哪一套。一分钱一分货，您现在出这个价不是浪费时间吗？我相信您之前联系过我们公司的其他同事，他们也不可能帮您谈下来。谢哥，我们回去吧。等您和家里人商量好了，再告诉我。"

我直接跟客户挑明，让我的同事去跟房东谈价格是没有用的。他时不时瞅一眼单元门，留意我同事的客户什么时候出来。他想知道这个客户是否看中了这套房子，然后根据情况出价。我对他的如意算盘一清二楚，所以让他回去和家人商量。客户又跟我东拉西扯了 10 多分钟，我同事的客户还没有下来。

他想了想，对我说："小钟，95 万元，一次性付款，你去帮我谈谈。"

我叹了口气，摇了摇头。客户的脸色变了，他可能认为我不想帮他谈价格，我估计他想找我的同事帮他谈价格。

我话锋一转，说："谢哥，您看这样可以吗？您交点诚意金给我，我先把这个房源封盘，其他同事就不能看房，也不能联系房东了。我尽最大的努力去帮您谈，就算谈不下来，也可以了解房东的底价。您要是愿意加钱就成交，您要是不愿意加钱，我一分钱不少地退给您。这样做对您来说是有好处的。上次我跟您说了三天三夜，您才愿意交诚意金，结果还是慢了半拍，那套房子被别人买走了，这次可别再吃同样的亏了。"

半年前，他看中了一套房子，我劝了他三天，他都不肯交诚意金。最后下定决心要买的时候，其他客户已经交了定金。他反过来埋怨我，说我不早点告诉他别的客户也要买这套房子。

客户叹了口气，又看了看单元门，说："诚意金交多少？"

"3 万元或者 5 万元。"

客户看着单元门，说："我卡里只有 2 万元，就交 2 万元吧。"

"行，您现在跟我回公司。等办完手续，我马上封盘。"

在回公司的路上，我给同事发微信，告诉他"警报"解除了。这个客户真的是太精明了，如果他没有确认其他客户也看中了这套房子，他才不会这么爽快地交诚意金。

客户交了 2 万元诚意金，不过，诚意金合同上写的中介费是 5000 元。这也是没有办法的事情，如果中介费不打五折，客户就不交诚意金。刚刚在小区里的时候，客户还的价是 90 万元，我卡住这个价格，让客户加钱，客户还的价是 93 万元，我还是卡住这个价格，让客户继续加钱。

刚刚客户出 93 万元时，我直接拒绝客户，让客户加钱。当客户出 95 万元时，我见客户的脸色不太对劲，就马上让客户交诚意金。如果这个时候继续让客户加钱，客户很可能会转身就走。

场 景分析

客户看好房子之后，不管客户出什么价格，经纪人都要做好"卡位"。

例如，有一套房子房东出价 50 万元，客户还价 45 万元，经纪人可以使用以下话术。

"大哥，45 万元这个价格肯定是谈不下来的，前两天我有一个客户也是出 45 万元，谈了两天都谈不下来。您现在又出 45 万元，不可能谈得下来。您重新出个价吧。"

"您出 45 万元？昨天另外一个客户出 46 万元，我跟房东谈了 1 个小时，他都不肯降价。您出 45 万元，更不可能谈得下来，重新出个价吧。"

只有让客户知道价格真的谈不下来，客户才会愿意加钱。

为什么要对客户的出价进行"卡位"？因为很多客户不相信经纪人的报价，怕经纪人在中间吃差价，所以他们第一次报的价格往往是不可信的。经纪人要直接拒绝客户第一次报的价格，试探客户是否真的喜欢这套房子。

在谈单的过程中，经纪人要让房东卖得开心，让客户买得开心，所以讨价还价的过程是必不可少的。很多经纪人觉得讨价还价的过程很麻烦，但是没有办法，人们的心理就是这样的，买东西的时候只有经历讨价还价的过程，才会相信成交的价格是真正的底价。

场景 49 谈单时打给房东的第 1 个电话怎么说

场景还原

客户交完诚意金后，我马上给区经打电话，电话很快接通了。

"区经，你现在有时间吗？我过去跟你谈谈皇家花园这套房子的事情。"

"你半个小时后来我的办公室吧，我现在比较忙。"区经说完就把电话挂了。

区经特别喜欢喝茶，我先跑回家拿了两小包好茶叶。走进区经办公室的时候，他已经泡好茶在等我了。

我坐下来，拿出两包茶放到桌上，说："这个茶叶不错，我拿两包给你试试。"

"你先试试我的茶再说吧。"区经慢悠悠地说。

我拿起茶杯喝了一口茶，有一股力量往头顶冲，有点醍醐灌顶的感觉，整个人精神了很多，茶香从口腔蔓延到喉咙，刚喝的时候有点苦涩，喝完之后反而觉得有点甜。

我情不自禁地说："好茶。"

这个茶比我拿过来的茶不知道好了多少倍。我舍不得放下茶杯，还在回味着甘甜的味道。区经看着我脸上的表情，开心地笑了。我放下茶杯，跟区经说了客户只出 95 万元的事情。区经的眉头马上皱了起来，但他不说话，估计他在想这个单子应该怎么谈。我也不管他，自己倒茶喝。

过了一会儿，区经说："小钟，95 万元这个价格很难谈成，你能不能让客户加到 100 万元？"

我靠在沙发上，说："如果我能让客户加到 100 万元，也不会过来找你了。"

区经喝了一口茶，说："关键是这个房东和我太熟了，我不方便出面谈，也没办法狠下心去谈。"

我说："这个简单，你把房东的电话号码给我，我去谈。"区经一脸疑惑地看着我。

我连忙说："你不会不相信我的谈单能力吧？"区经摇了摇头。

我说："你怕我说错话，砍价太狠，得罪了房东？"区经点了点头。

我喝了一口茶，说："这套房子在你手上已经两个月了，你都卖不出去。如果房东急着卖，再过两个月你还是卖不出去，你觉得房东会不会怪你？你觉得房东会不会给其他经纪人卖？房东给其他经纪人卖，难道其他经纪人不会跟房东谈价格吗？"

我停顿了一会儿，区经见我话没有说完，让我继续说。我说："你跟房东这样说，你有个同事客户比较多，天天给你打电话，你都快烦死了。你在中间来回传话非常麻烦，为了让同事和她更好地沟通，你把她的电话号码给了你的同事。她有什么事就可以直接跟你的同事说，成交也比较快。"区经点了点头。

我说："那就这么说定了，你把房东的电话号码发给我，我约了客户看房，我先走了。"

我走出区经办公室不到两分钟，区经就把房东的电话号码发给了我。

一个小时之后，我站在店门口琢磨第一个电话应该跟房东说什么。想了一会儿，我掏出手机拨打房东的电话，电话很快接通了。

"李姐，您好，我是××公司的小钟，我们周总把您的电话号码给了我。"

"小周已经跟我说了，小钟你说。"电话那头传来温柔的女声。

"我这几天带了好几个客户过去看房，周总跟您说了吗？"

房东说："小周没有给我打电话呀！"

我连忙解释："可能这些客户出的价不够高，周总想帮您卖个好价钱，也不想打扰您，所以没跟您说。"

"哦！"

要想让房东好好地跟我说话，我就得先赞美一下她的房子。我说："李姐，您的这套房子装修得这么漂亮，恐怕是整个小区里最漂亮的一套，为什么要卖呢？"

"我本来想等退休之后过来住的，但是我在别的地方买了一套更好的，就想把它卖了。"

房东说话的语气很平静，没有任何情绪，而且是脱口而出。这说明这句话她已经说过很多次，成了口头禅。

"李姐，您买的家具和家电都是知名品牌的，质量非常好，客户非常喜欢您家客厅里的沙发。"

房东说："呵呵，客户喜欢的话，就送给他吧。"之前区经说过这套房子里的家具和家电全送，但我还是要提到这一点。

我继续赞美："李姐，您真会选户型，您家的户型是整个小区里最好的。可是，现在的客户不给力，市场也不给力啊。有个客户看中了您家的房子，他倒是诚心买房，可是他出的价我不敢跟您说，我实在怕您骂我呀。"

通过刚才简短的交流，我觉得这个房东比较好说话。所以，我以退为进，委婉地告诉房东客户的出价比较低。

"小钟，你说，没事的。"房东平静地说。

我本来想说客户出 95 万元，但是客户在交诚意金的时候反复对我说"不要把 95 万元这个底价直接告诉房东，从 90 万元开始谈，一点一点地给房东加钱"，我只好说："客户出的价是 90 万元。"

"小钟，你知道这套房子是花了多少钱买的吗？"

我用不太确定的语气说："如果是从开发商手上买的……大概 70 万元？"

"小钟，我花了 70 万元买的，加上税费、各种手续费和几年的物业费，至少要 75 万元。装修费和买家具、家电的钱加起来至少 30 万元，我这套房子的成本至少在 105 万元以上。"

要是平时，我肯定会说装修不值钱，而且装修风格也不适合客户。但是，我给房东打第一个电话的目的就是赞美房东和她的房子，并告诉她我手上有很多客户想买这套房子，只是目前客户出的价比较低。这个目的已经达到了，等打第二个、第三个电话的时候再谈价格吧。

"李姐，要不这样吧，我先给客户打电话，让客户加钱。如果客户不肯加钱，我就重新帮您找客户。"

"小钟，你跟客户报的是多少钱？"

"105万元。"

"如果你的客户诚心买房，你就跟客户说103万元。"

"好的，李姐，我知道该怎么跟客户谈了。"

之后，我跟房东聊了一会儿房子的情况，就把电话挂了。为什么给房东打第一个电话的时候要赞美房东？因为我想让房东好好地跟我说话。很多经纪人在第一次给房东打电话的时候就说人家的房子的户型是整个小区最差的，装修也不好，哪里漏水之类的，目的是以房子的各种缺点来压价。

假设你家的房要卖，有个经纪人第一次给你打电话就说你家的房子怎么怎么不好，你会不会十分反感？你会不会直接把电话挂了？房东也是一样的，你夸他和他的房子，他就会好好地跟你说话。但是，赞美房子也不能过头了，否则有些房东就舍不得卖了。

我拿出手机看了看时间，已经是下午3点50分了。我想给客户打电话，但是距离收诚意金才过去两个小时，是不是显得有些太着急了？我决定晚上再给客户打电话。

场 景分析

经纪人给房东打第一个电话时要把握好"力度"，最好委婉一点跟房东说。

经纪人："我带了10个客户去看您家的房子，目前只有1个客户看上了，但是客户出的价格有点低，我不知道您能不能接受。"

房东："多少钱？"

经纪人："客户出90万元，您能不能接受？"

房东："太低了，我接受不了。"

经纪人："那您最低能接受多少钱，我让客户加钱。"

房东："最低103万元。"

经纪人："我先让客户加钱，看客户最多能加多少，之后再联系您。"

经纪人给房东打第一个电话的目的是试探底价，因此只需要花一两分钟的时间。

场景 50　谈单时打给客户的第 1 个电话怎么说

场景还原

晚上 8 点，我站在店门口想待会儿跟客户说什么，然后拿出手机拨打客户的电话，电话很快接通了。

"小钟，谈得怎么样了？"我还没开口，客户就直接问我结果。

我不慌不忙地说："谢哥，我已经尽力了。今天我跟房东聊了很久，房东终于降了 2 万元，现在房东的报价是 103 万元，离 95 万元还有点远啊。"

"才降了 2 万元？"

"谢哥，第一天就能降 2 万元，已经很不错了。咱们的诚意金合同不是签了一个星期吗？我会继续跟房东谈价格。这套房子是房东花了 70 万元买的，加上税费、各种手续费和几年的物业费，至少要 75 万元。再加上装修和买家具、家电花的 30 万元，这套房子至少要卖 105 万元。您也知道，这个小区的房子非常抢手，只有这个房东愿意亏本卖给您，您还想怎么样啊？"

我加重了语气，我不能让客户认为我没有认真地帮他去跟房东谈价格。

客户笑着说："呵呵，小钟，你继续帮我谈吧。"说完就把电话挂了。第一次跟进客户的时候，不需要跟客户说太多，简单地汇报一下工作进展就行了。

我想跟客户说的其实只有一句话："我正在努力帮您谈价格，而且谈得很辛苦，您耐心地等我的好消息就行了！"我要让客户知道我跟房东谈价格是很辛苦的，就算价格谈不下来，客户也不会对加钱十分抗拒。

有的经纪人会问："这样做有用吗？"我可以举一个例子进行说明。

我有一个表弟，他沉迷于游戏，不好好工作。他换了很多份工作，干每一份工作的时间都不超过一个月。一天上班八个小时，他只干四个小时的活，其他四个小时都在拿着手机玩游戏。

有一次，我去他家吃饭，他问我有没有好的工作介绍给他，我刚想说没有适合他的工作，他爸就说："你帮他找份工作吧，他整天在家里玩游戏，太不像话了！"他爸好不容易跟我开一次口，我实在不好意思拒绝，于是说："来我们公司上班吧。"表弟马上说："不去，整天在外面跑，晒死了！"

其实，我知道他根本不可能去做销售工作。以前，他也在一家中介公司上过班，只跑了三天的盘，第四天就不去了。我说："我明天帮你问问朋友，看他们招不招人。"

第二天，我带着一个客户去看别墅。我突然想起了表弟的事情，于是在别墅里面发了一个小视频给他，然后给他发了一段文字："这个房东是我的一个老客户，他是开工厂的，我问问他这边招不招人，你等我的好消息。"

过了几天，我去装修公司拿资料给客户看，我又拍了个小视频发给表弟，然后给他发了一段文字："装修公司经理是我的朋友，我跟他说说你的情况。"

过了几天，我开车路过人才市场，发现人才市场正在举办大型招聘会，我拍了一张照片发给表弟，然后给他发了一段文字："人才市场正在举办大型招聘会，有很多公司正在招人，你可以过来看看。"

过了几天，我逛超市的时候又想起了表弟的事情，于是拍了个小视频发给他，然后给他发了一段文字："超市经理是我的朋友，我问问他这里招不招人。"

我把这些文字全部转发给他爸，他爸在微信上回复："我有一瓶珍藏了10年都舍不得喝的酒，你什么时候过来？我把这瓶酒开了，咱爷俩喝几杯。"我把为表弟找工作的经过全都告诉表弟和他爸，表弟感谢我，他爸也感谢我。

话说回来，假设我很努力地帮表弟找工作，白天去人才市场帮他找工作，晚上去超市帮他找工作，第二天又去装修公司帮他找工作，花了整整一个月帮他找工作，但在整个过程中都没有告诉他。一个月之后，我打电话告诉他，我天天帮他找工作，找了一个月，但没有适合他的工作。你猜他会怎么想？他肯定会这么想："算了，我还是自己找工作吧！"

为了帮表弟找工作，我花了这么多心思，做了这么多事情，如果我不告诉他，他怎么会知道呢？如果他不知道，他就不会感谢我，反而会怀疑我没有尽心尽力，甚至会责怪我。

跟进房东和客户也是一样的道理。

场景分析

经纪人给客户打第一个电话的目的是告诉客户，自己现在已经帮他谈到了什么程度，自己会继续努力帮他谈价格，让客户放心。

经纪人："谢哥，我给房东打了一个小时的电话，房东降到了104万元。我跟房东又谈了半个小时，好不容易才让房东降到103万元。谢哥，房东亏得太多了，真的太难谈了，您能不能加点钱？"

客　户："你接着帮我谈吧，我相信你的能力。"

经纪人这样跟客户说，客户一定会面带笑容地挂电话，因为客户知道经纪人正在努力地谈价格。经纪人只有详细说明自己做了哪些工作，强调自己有多么辛苦，才能体现自身的价值。最后让客户支付中介费时，客户也不会觉得这钱花得不值。

场景 51　谈单时打给房东的第 2 个电话怎么说

场景还原

第二天早上 10 点，同事都在打电话跟进房源或聊天，店里一片嘈杂的声音，我只好走到店门外拨通了房东的电话。

"李姐，您现在说话方便吗？我想跟您说说客户的情况。"

"方便，你说。"电话那头传来汽车的喇叭声，我估计房东正在开车。

我连忙说："李姐，您是不是正在开车啊？如果您在开车，我待会儿再打给您，一定要注意行车安全啊。"

电话接通后，发现房东或客户正在开车的时候，经纪人要尽快结束通话，另找时间打电话。这是最基本的礼仪，也是为了对方的安全着想。而且，房东不方便说话的时候，即便我说得再多，房东也不会认真地听，说了也是白说。

"小钟，你说吧，有司机开车。"房东平静地说。

"李姐，我昨晚跟客户聊了好久，客户终于同意加2万元，现在的报价是92万元。我知道您不可能按照这个价格卖，我只是打个电话向您汇报一下客户的情况。"

房东肯定说92万元不卖，还不如我自己说出来，让房东放下戒备心。这样说能让房东产生一种感觉：他不是来跟我谈价格的，而是向我汇报工作进展的。

房东说："小钟，你接着说。"

"李姐，您现在的最低价格是多少？您可以给我交个底吗？最近的行情不是很好，有几个一线城市的房价已经在降了。我们市属于四线城市，行情也不是很好。如果年初卖，还能多卖几万元。现在是年尾，成交量下跌得很厉害。1栋2单元901室是上个月成交的，价格是92万元；3栋1单元701室是精装修的房子，成交价是93万元；7栋1单元501室的成交价是91万元。几个月前，户型相同的房子成交价都在95万元以上，现在成交量一直在下滑，价格也跟着跌了。"我说了一下户型相同的房子最近的成交价。

"我看网上很多房子的报价都在95万元以上啊。"房东平静地说。

"李姐，网上的报价都是市场价，还有一些不着急卖的房东报得更高，但都是有价无市。只有我们这些天天跑盘的经纪人才清楚真实的成交价格。我们周边的一手楼盘的开发商在年前根本不找中介公司，但现在天天拜托我们帮忙找客户，而且市场价降了1000元。开发商不是直接降价，而是通过打折来降价。"

房东不说话，我继续说："李姐，现在卖房恐怕不是最好的时候，我觉得等过完年之后再卖可能会好一些。"我先试探房东到底着不着急卖房。

"小钟，你重新帮我找客户吧，这个客户出的价太低了。"

房东也是很精明的，她直接把话题岔开，让我重新帮她找客户，这说明她还是想要尽快把房子卖出去的。"李姐，现在最低多少钱？我让客户加钱，如果客户不肯加，我就重新帮您找客户。"

房东平静地说："我就卖 100 万元，另外还给中介费。"

我判断房东这个人说话一就是一，二就是二，不会跟我拐弯抹角。可能从商经验丰富的人都是这个样子吧，碰到任何事情都不会把自己的情绪表露出来。

"好的，李姐，我继续帮您找客户。我直接向客户报 100 万元吗？如果给客户报 100 万元，客户继续谈价格该怎么办？"

"小钟，你先给客户报 102 万元吧。"

"好的，李姐，我知道应该怎么做了。"

挂了电话之后，我认真地分析了一遍房东说的话。我让房东过完年再卖房，房东让我重新找客户，这说明她并不是不着急卖房。目前，只有一个真正出价的客户，她不想那么快就降价，她还想了解其他客户能否出更高的价格。

场 景分析

经纪人给房东打第二个电话之前一定要做好功课，在公司的房源系统查看这个小区哪些房子成交了，成交价格是多少，把自己知道的这个小区最近成交的房子及成交价格都写到一张纸上。

经纪人可以拿着这张纸给房东打电话："我跟客户沟通了很久，客户才加 2 万元，但是您家的房子目前来说确实有点贵，×× 栋 × × 单元是 × × 万元成交的……您看，这个小区的成交价都比您的报价低，如果您不愿意降价，恐怕短时间卖不出去，要不您过一段时间再卖，或者把价格稍微降一点？"

经纪人拿同小区甚至同户型的房子的成交价跟房东的报价比较，让房东觉得自己的报价的确有点贵，房东才会愿意降价。

场景52 谈单时打给客户的第2个电话怎么说

场景还原

我喜欢站在店门口想事情，因为店里同事打电话、聊天的声音太吵了。我想了一下应该怎么跟客户说，然后拨通了客户的电话。

"谢哥，这套房子的价格已经谈到了102万元，但是离您的出价95万元还很远。我跟房东聊了半天，价格根本谈不下来。谢哥，您能不能加点钱啊？"

"小钟，你再找房东谈谈吧，辛苦你了。"客户说。

我无可奈何地说："谢哥，加2万元吧，95万元很难谈下来啊。"

"我就出95万元，你尽量帮我谈吧。"

"谢哥啊，这个小区里的房子是什么价，您比我还清楚。如果您坚持95万元的报价，我根本没有办法跟房东谈。正常来说，每年过完春节之后，房价都会涨一些。前年、去年、今年春节过后，房价都涨了，明年估计也会涨一些。这个小区刚开盘的时候均价才70万元，才过了两年就涨到了90万元以上，这些您都是知道的啊！"

我说的这些情况都是真实的，客户比我还清楚，因为他天天跟各家中介公司的经纪人去看这个小区的房子。

客户不说话，我只好说："谢哥，房东已经降了3万元，您一分钱都不加，我是真的没有办法谈啊。要不，您先加1万元，我看看房东那边愿不愿意再降一些。"我说话的语气很坚定，我要客户明白，不加钱的话，就真的没有办法谈下去了。

客户沉默了一会儿，最后有些不情愿地说："行，我加1万元吧，96

万元。"

"好的，我一会儿给房东打电话，继续跟房东谈。"我不带任何情绪地说，说完就挂了电话。

我要让客户知道，他要是想买这套房子，就必须加钱。

这个客户太精明了，他可以通过我的语气判断出这套房子的底价是多少，他应该加多少钱，他也知道房东是不可能按照 95 万元的价格把这套房子卖给他的。

场景分析

经纪人给客户打这个电话时所使用的话术与给房东打电话时所使用的话术是一样的。

"谢哥，我打电话跟房东聊了很久，房东才降了 1 万元，您出的价格实在太低了，现在 ×× 栋 ×× 单元 ×× 室是 ×× 万元成交的……您出的价格比最近的成交价还要低，房东是不可能卖的。要不，您加点钱？要不，我帮您找其他的房源？"

经纪人拿其他房子的成交价跟客户的出价做对比，让客户知道他的出价实在太低，这样客户才知道自己的出价不合理，才愿意加钱。

场景 53 谈单时打给房东的第 3 个电话怎么说

场景还原

下午 3 点，我本来想给房东打电话，但是想到早上 10 点刚给她打完电话，现在才过了 5 个小时，再打电话就显得太着急了，于是我决定先干点别的工作。

我在微信上搜索房东的手机号码，发现房东没有用这个电话号码注册微信号。我打电话给区经，让他把房东的微信号发给我。

下午 5 点 30 分，房东才通过了我加好友的申请。我正在带客户看这个小区的房子，于是马上给房东发了一个小视频，并发过去一段文字："我现在正在带客户看这个小区的房子，待会儿顺便带客户去看您家的房子，晚上向您汇报工作。"

房东回复了一个偷笑的表情。

我正在带的这个客户看中了一套毛坯房，不知道应该怎么装修，我就带着客户过来看看这套房子是怎么装修的。

晚上 8 点，我坐在店里，拨通了房东的电话。

我说："李姐，我今天下午带别的客户看了您家的房子，这个客户还了个价，89 万元。这个出价太低了，我就没跟他多说。"我没想到这个客户也看上了这套房子，但是客户出的价也太低了。

房东平静地说："之前那个客户怎么样了？"

"李姐，我今天跟那个客户说了一天，说得嘴都干了，客户才加了 2 万元。现在的客户都太精明了，客户说现在好多地方的房价都在跌。"

我换了一种语气，唉声叹气地说："唉，李姐，主要是现在又限购又限贷，买房的成本提高了不少。李姐，如果您不着急用钱，我建议您过两年再卖这套房子，等市场行情好转之后，兴许还能卖个好价钱。"

我顺便试探房东，看看房东到底着不着急卖房。

"小钟，我想尽快把这套房子卖出去，我新买的那套房子还需要一笔钱装修。"房东不带任何情绪地说。只要房东着急卖房，价格就好谈。我最怕的是房东不着急卖房。

我说："李姐，现在商品房的库存太多了，成交量一直在下滑。还有，现在的技术太发达了，房子建得特别快。您看新闻了吗？有些开发商赶工，在一个月内就建了一栋 30 多层的楼。我们这个市不算很大，但也有几十个开发商。按这个速度算，一个月就要建几十栋楼。但是，哪有这么多人住啊？一栋楼住 500 个人，不算多吧？全市每个月建 30 栋楼，每个月建的房子可以住 1.5 万人，一年建的房子可以住 18 万人。我们这个市总共才 50 万人，就算农村所有的居民都搬进城里，也没有这么多人啊！"

房东打断我的话，说："小钟，你觉得我这套房子能卖多少钱？"

房东问的这个问题，我真的不好回答。如果我说低了，房东很可能就不让我卖了；如果我说高了，价格就很难谈下来。

我干脆岔开话题："李姐，我不能给您具体的价格。有些客户看中了您家的房子，出的价高，成交价就高一些；有些客户手上的钱不多，出的价就低。所以，这个事要看缘分，如果您不着急，可以慢慢卖。"

我停顿了一下，又叹了口气，说："李姐，这几个月有不少买房投资的房东对市场行情有所了解，都主动过来找我们卖房，他们的嗅觉比我们还灵敏呢！有的房东干脆直接把钥匙放在我们店里，委托我们尽快地卖出去。李姐，您看这样行吗？您先降一点价，我继续让客户加钱，看客户到底能加到多少，然后考虑卖不卖给他。如果他不肯加钱，我就重新帮您找客户。您看行吗？"

"你觉得降多少合适呢？"

房东一直都很平静。这种人做事很冷静，不容易受情绪的影响。房东也在试探我，她想知道我到底是不是在诚心地帮她卖房。

我想了想，说："李姐，您看这样行吗？您先降 1 万元，也就是降到 99 万元。我打电话让客户加钱，看客户最后能加到多少。如果您觉得合适，就卖给他；如果您觉得不合适，我就重新帮您找客户。"

"好，小钟，就按你说的办吧。"

"李姐，如果价格降到 99 万元之后，客户还想谈价格，应该怎么办？"

房东有些反应不过来，过了几秒，问："小钟，你觉得客户是什么样的人？是不是一个很爽快的人？"

我想了一会儿，说："这个客户比较精明，讨价还价很厉害。"

"小钟，那你先给他降到 101 万元吧，你跟他慢慢地谈。"

"好的，李姐，我知道应该怎么谈了。"

"小钟，辛苦你了。"

场 景分析

不同地区的限购限贷政策和房价走势是不同的，经纪人一定要结合当地的情况跟房东沟通。

"李姐，这几年市场变化太大了，特别是租房市场。以前一室的房子房租在1000元左右，两室在2000元左右，三室在3000元左右。前两年很多外地打工的人都回家了，城市里面的人少了很多，两室的房子房租才几百元，而且没有人租。"

"很多人买了房子之后每个月要还三四千元的房贷，想着可以把房子租出去，用租金来还房贷。但现在房子租金这么低，有些房东都快还不起房贷了，只能降价卖房。卖房的人太多，买房的人太少，房东只好不断地降价。"

"还有一点非常重要，现在的人观念已经改变了。以前市场好的时候，买房就能挣钱，比做其他投资好多了。但现在的市场很不稳定，很多地方的房价都在降。很多人买房，今天买了，明天就降价，所以'非刚需'的人群都不出手了，连炒房客也不出手了。"

场景54　谈单时打给客户的第3个电话怎么说

场 景还原

我很想打一个电话让房东把报价降到96万元，这样就可以直接成交了，但房东是不可能同意的；我也很想打一个电话让客户把出价加到99万元，这样就可以直接成交了，但客户也是不可能同意的，所以我只能慢慢地谈。

打个比方，我们去菜市场买菜的时候问菜贩："这个菜多少钱一斤？"

菜贩说："10元。"

假如我们说"8元卖不卖？不卖就拉倒"，而菜贩不肯降价，那么双方就谈不下去了。

做二手房销售也会碰到这样的情况。房东的报价是 100 万元，客户出 95 万元，有些经纪人直愣愣地问房东"95 万元卖不卖？不卖就拉倒"，房东死活不肯降价，而客户又不肯加钱，双方就谈不下去了。

谈价格的时候，我经常使用温水煮青蛙的办法，也就是一边让客户加钱，一边让房东降价，一点一点地谈，房东在不知不觉之间降了几万元，客户也在不知不觉之间加了几万元。整个讨价还价的过程非常艰难，房东觉得我已经尽力了，客户也觉得我已经尽力了，最后成交的时候就会轻松一些。

挂了电话后，我走出店门，看着路上的车水马龙，还有附近商铺的霓虹灯，想了一下待会儿给客户打电话的时候应该怎么说，然后拨通了客户的电话。

客户有些着急地问："小钟，价格谈得怎么样了？"

原来客户比我还着急。我说："谢哥，我今天给房东打了好几个电话，房东后来都不愿意接我的电话了。她说我老是打电话去砍价，我只好把电话放在一旁，等她说完，我也不敢反驳。等她说完之后，心里痛快了，我才跟她说了限购限贷的问题。今天晚上，我跟她聊了整整一个小时，她才同意降 1 万元，现在的价格是 101 万元。谢哥，现在还差 5 万元，实在是太难谈了！"

我每次给客户打电话，第一句话都是房东已经降价了，我已经尽力帮他谈价格了。我先给客户降 2 万元，然后 1 万元 1 万元地降价，越降越少，这样降价能让客户知道房东已经越来越不可能降价了。

客户有些不高兴地说："小钟，房东那边真的不愿意再降价了吗？"

看起来，客户不太相信我说的话。

我说："谢哥，我估计房东还能再降一些，但是不会很多。诚意金合同的期限还有几天，我继续帮您谈。我今天跟房东谈了限购限贷的问题，房东说如果客户的出价不到位，她就不卖。"

客户不说话，我接着说："谢哥啊，这么多年来房价是什么走势，您很清楚。不说别的地方，就说咱们市，从 2000 年到 2007 年有一波涨价，2009

年之后有一波涨价，从 2013 年到 2014 年又有一波涨价。当时有一些专家做了很多分析，说房价肯定会降。但是到了 2016 年年底，市场又转暖了。从 2017 年到 2019 年，咱们市核心区域的房价又涨了一波。您看房看了这么久，不可能不知道这些情况吧？"

客户还是不说话，我叹了口气，说："谢哥，您看了这么久的房子，好不容易看中一套，也不差这几万元吧？买一套称心的房子，您住进去肯定开心，家人也高兴。以您的能力，把这几万元挣回来也不是什么难事。您说是不是这个道理？"

客户想了一会儿，有些不情愿地说："小钟，这样吧，我再加 1 万元，97 万元。"我早就知道 96 万元不是客户真正的底价，客户给自己留了很大的余地。

我无可奈何地说："谢哥，97 万元是谈不下来的，差 4 万元呢，差得太远了。我先跟房东谈谈吧，完了再和您说。"

客户已经同意加钱了，这时经纪人不能得寸进尺，而要用温水煮青蛙的方法继续谈。谈单的时候，先给房东打三个电话，给客户打三个电话，试探他们的底价，然后做下一步的打算。现在房东的底价是 99 万元，客户的底价是 97 万元，只差 2 万元，成交的可能性还是很大的。

如果分别给房东和客户打了三个电话之后，房东一分钱也不肯降，还是报 100 万元，客户一分钱也不肯加，还是出 95 万元，经纪人就要马上为客户找其他房源，因为这样谈下去是没有结果的。一个不诚心卖，一个不诚心买，双方的底价差好几万元，再谈下去也是浪费时间。

场 景分析

每个地区、每个城市甚至每个小区的房价波动情况都不一样，经纪人要结合当地、特定小区的情况向客户介绍房价的走势。

"谢哥，这几年市场不是很好，但是限购限贷政策慢慢都放松了，贷款利息已经下降了很多，银行放款的时间也缩短了。有些地方甚至不限购了，首付比例也降了很多。"

"房子跟其他商品不一样，咱们中国人都有一个观念——'先买房后结婚'，所以房子是刚需品。买了房后要装修，买家电和家具，而且要交很多税。一套房子装修下来，加上买家电、家具，最少要几万元，多了要十几万元甚至几十万元，这是一笔非常大的支出。房产市场可以带动装修、家电、家具等行业，带来很多就业岗位。所以，银行在帮助房产市场复苏，逐渐放松的政策也在帮助房产市场复苏，我相信以后的市场会渐渐地好起来。"

场景 55　微信谈单怎么说

场景还原

打了三个电话之后，我该说的话已经说完了，该做的工作也做了。接下来，我要积极地推动成交了。

第二天早上 8 点，区经突然给我打电话，说其他同事的客户出价更高，而我的客户谈了几天都没加多少钱，让我把诚意金退了。我本来想马上给客户打电话，把真实的情况告诉客户。但转念一想，客户很可能还没睡醒，贸然给他打电话，可能会打扰他休息。在他心情不好的情况下谈价格多半会谈崩，我最好换个方式和他沟通。

我在微信上搜索客户的手机号码，发现之前已经加了客户的微信。于是，我马上给客户留言："谢哥，房东是我们公司区域经理的朋友，今天早上区经跟房东去喝早茶，谈起了这套房子的事情。最后房东说底价是 101 万元，跟您的报价 97 万元还差 4 万元。区经说，您不肯加钱的话，就把诚意金退给您，免得耽误您买房。"

客户马上用语音回复我："小钟，价格真的没办法谈了吗？"

我回复："区经是谈价高手，他出面都谈不下来，那就确实是谈不下来了。"

过了一分钟，客户还没有回复。我继续给客户发语音消息："谢哥，要不这样，我跟区经说，先把您的诚意金留着，由我继续帮您谈价格。为了不耽误房东卖房，公司想开放看房的权限，所有的经纪人都可以带客户去看房，不管客户出多少钱。因为您是第一个交诚意金的，所以您有优先购买权。您要是同意的话，我就继续帮您谈价格；您要是不同意的话，我现在就把诚意金退给您。"

消息刚发过去，客户就打来电话："小钟，什么情况？不是说交了诚意金，你们就不能带其他客户去看房吗？"

客户说话的语气还算平和，但我估计他心里很着急。我无可奈何地说："谢哥，我也没有办法啊，房东着急卖房。这套房子卖101万元，其实一点都不贵。我已经尽力帮您谈价格了，我们区经也出面帮您谈了，但是房东不肯降价。您什么时候有时间来我们公司一趟？我把诚意金退给您。"

"诚意金暂时不退，你继续帮我谈价格。"

"谢哥，97万元这个价格确实谈不下来，您真是强人所难啊！好吧，我继续帮您谈价格。不过，我们公司的同事带其他客户去看房，您不会反对吧？"

客户说："我同意让你们公司的其他经纪人带客户去看房，但是我必须要有优先购买权。不管谈到多少钱，你都要第一时间告诉我。我不买的话，其他客户才可以交定金。"

我叹了口气，说："好的，谢哥，我帮您把关，您放心吧。但是……101万元……我也知道您不可能加这么多钱，但您可以稍微加一点，然后我再想办法继续跟房东谈价格，您说呢？"

我很清楚，现在让客户心甘情愿地加到101万元是不可能的，因为客户现在还没有占到便宜的感觉，他肯定不会出手。

客户不接我的话，反而问我："你觉得房东的底价是多少？你给我透个底。"

"谢哥，我已经跟房东谈了好几天了，我觉得这个价格已经差不多了。要不这样吧，您先稍微加一点钱，我再跟房东谈一两天，看看最后能谈到多少钱。我相信这套房子不可能在这一两天就卖出去。就算有其他客户出了更高的价，也要经过您的同意才能交定金，所以您不用担心。在这一两天的时间里，我尽力帮您去谈价格。不过，97 万元这个价格肯定是谈不下来的。"

客户叹了口气，说："好吧！我再加 1 万元，98 万元。有什么消息的话，你第一时间告诉我。"

"好的，您放心吧。"挂了电话之后，我终于松了一口气。

这个客户是一个非常冷静的人，不会让情绪左右他的决策。这套房子目前是整个小区性价比最高的一套，也是客户最喜欢的一套，他不会轻易地放弃。

上午 9 点 30 分，我用微信给房东发了一个带客户看她家房子的小视频，然后发了一段文字："我跟之前那位客户谈了好几天，他都加不到 99 万元。可能是他手上确实没有那么多钱，也可能是他还在对比其他的房子。我现在带新客户看您家的房子，我会想办法用最快的速度找到出价合适的客户。"

谈单的时候，如果买卖双方的报价还差一两万元，而房东死活不肯降价，我就会找一位不着急买房的客户去看房，然后拿这个客户的出价去跟房东谈价格，这类客户出的价往往更低，这个时候房东就会后悔没有把房子卖给之前的客户。

如果经纪人让房东觉得客户非常喜欢他家的房子，客户非他家的房子不买，房东多半就不肯降价。房东只有错过了出价更高的客户，才会跟经纪人好好地谈价格。如果房东知道这个小区里比他家的房子便宜的房子还有很多，比他家的房子性价比高的房子还有不少，房东就更容易在价格方面做出让步。

到了价格谈判的关键阶段，我一定会让房东知道我的客户诚心想要买他家的房子。我会告诉房东，客户已经加了好几次钱，如果他诚心卖房，我们就接着谈价格；如果他咬着价格不放，而客户又不能接受，恐怕就无法成交了。房东知道了真实情况，才会好好地跟我谈价格。

房东的底价是 99 万元，客户现在愿意出 98 万元，还差 1 万元。有很多经纪人觉得 1 万元的差价很容易谈下来，直接约房东和客户见面谈，最后客户不肯加钱，房东不肯降价，直接谈崩了。还有一种情况是买卖双方见面谈完价格之后，反过来跟经纪人谈中介费，要求打三折、打五折，不打折的话，他们就找别的中介公司代办。碰到这种情况，你选择成交还是不成交？所以，不到万不得已，我是不会让买卖双方见面谈的。

这个单子接下来应该怎么谈？我站在店门口想了半天，没有想出更好的办法，干脆不想了，去做别的事情。

下午 3 点，我在微信上给房东发了一个小视频，然后给房东发了一段文字："有一个客户正在看房，待会儿再向您汇报客户的情况。"

我突然看到同事在公司群里发了一个小视频，原来同事正在带客户看这套房子。我马上把这个小视频转发给了客户，并发了一段文字："谢哥，今天有好多同事都带着客户去看这套房子。以后，只要有客户看这套房子，我就告诉您，让您掌握情况。您放心，在别的客户交定金之前，公司必须获得您的同意。"

晚上 8 点，我的手机突然响了，我一看，原来是区经打过来的，我有一种不祥的感觉。

"区经，这个时候给我打电话，不会是想请我吃夜宵吧？"

"诚意金退了吗？你的客户现在是什么情况？"区经的语气带着些许不满。

"现在客户出 98 万元，诚意金还没退，我还在想办法让客户加钱。"

"你跟房东谈到了 99 万元，为什么不告诉我？"看样子，区经打算批评我一顿。

我笑着说："哈哈，这不是你教给我的吗？客户交了诚意金，在谈价格的过程中能保密就尽量保密，免得其他人干扰成交。"

区经被我说得哑口无言。过了几秒，区经说："你把客户的诚意金退了，其他门店同事的客户愿意出更高的价，他们想跟房东面谈。但是，你的客户已经交了诚意金。按照公司的规定，你客户的诚意金没有退，其他同事的客户就不能约房东面谈。我刚才给房东打电话了，房东也想尽快地把房子卖出去。"

我说："区经，你也太不公平了，我跟这个客户才谈了三天，客户就加了 3 万元，现在还差 1 万元，你多给我两天时间不行吗？"

区经沉默了一会儿，有些无奈地说："房东现在着急卖房，如果我再帮你拖着，房东可能会找别的中介公司。唉……好吧，我再给你两天时间。如果客户还是不肯加钱，你就把诚意金退了。"

"好的，两天之内我一定谈成。对了，其他门店同事的客户出的价，你跟房东说了吗？"

"我没跟房东说。如果说了，你的客户就成交不了了。"

"好的，谢谢。我知道应该怎么做了。"今天房东和客户在微信上都没有回复我。我坐在办公桌前努力地思考怎样才能在两天之内把这个单子谈成。如果直接让客户把报价提高到 99 万元，客户是不可能同意的。所以，我必须多管齐下，一边打广告重新找客户，一边让客户加钱，一边让房东降价。

假设能找到新客户，而且新客户愿意出 99 万元，如果老客户也愿意加到 99 万元，就还是跟老客户成交；如果老客户不肯加钱，就跟新客户成交。就算老客户不肯加钱，只要房东愿意降到 98 万元，仍然可以成交。谈单的时候，经纪人要多管齐下，同时使用多种方法，只要有一种方法奏效，就可以确保成交。

我马上打开安居客网站，给刚发的房源信息做了置顶。置顶一个星期要花 200 多元，我用微信拍了一张照片，然后把照片发给了房东。

我给房东发了一段文字："今天带两个客户去看房，两个客户都出 90 万元。我重新花钱打广告帮您找客户，想办法在这几天帮您把这套房子卖出去。"

不到一分钟，房东回复了一个竖大拇指的表情。原来，房东并不是没空看微信消息，只是故意不回复而已。

我马上回复："对不起，没能找到出价更高的客户。"

房东回复："小钟，你辛苦了。"

我马上回复："这是我应该做的。"

我把刚才拍的照片转发给客户，然后给客户发了一段文字："谢哥，同事的客户出的价比您高，同事的客户想和房东面谈。但是，我跟区经说，您的诚意金还没有退，按照公司的规定，只要诚意金没有退给您，同事就不能约房东面谈。如果同事的客户成交了，我一分钱也拿不到。我知道您是不可能加钱的，所以我只能重新找客户了。如果您觉得这套房子不值这个价，您就随时来公司拿回诚意金吧。"

我还给客户发了一个大哭的表情，表示自己很为难。

为了不让客户反感，我又发了一条语音消息："今天晚上我跟房东又谈了价格，房东又降了5000元，现在的价格是100.5万元。您就安心地等我的通知吧，我还在继续帮您谈价格。"我又发了几个大哭的表情。

场景分析

经纪人通过微信谈单时，对于房东和客户要使用不同的方法和话术。

通过前面的三个电话，经纪人已经把房产市场行情、限购限贷政策和客户的情况全部告诉房东了，但价格还是没有谈下来，而且房东不一定完全相信经纪人说的话。因此，经纪人要在微信上不断地给房东发视频，告诉房东哪位客户出了什么价，不是自己不帮他谈价格，而是自己带了很多客户去看房，客户的出价太低了。只有让房东看见证据，房东才会相信经纪人说的话，才会愿意降价。

为什么要这么做？因为很多房东都有这样的想法：这个客户的出价低，过几天就会有出价更高的客户。经纪人这样做就是为了打消房东的这种想法，让房东了解真实情况。

经纪人打电话跟客户说有很多人在看这套房子，但客户可能并不相信。因此，经纪人要通过微信把视频发给客户，证明有很多人在看这套房子，有很多人在谈价格，并不是只有他看中了这套房子，这套房子其实是很抢手的，如果他犹豫不决，其他客户很可能会抢先下手。

为什么要这么做？因为很多客户都有这样的想法：只有自己看上了这套房子，而房东着急卖房，过几天卖不出去，就会把价格降下来。经纪人这样做就是为了打消客户的这种想法，让客户了解真实情况。

场景56　如何使用折中法

场景还原

第二天早上，我突然想到一个很严重的问题，客户会不会跑单？会不会找其他经纪人横插一杠子？我马上给区经打电话，电话很快接通了。

我着急地问："你在不在办公室？"

"在啊，什么情况？"

"你现在方便吗？我过去找你。"

"行，你现在过来吧！"

挂了电话，我马上骑着电动车去找区经。

走进区经办公室的时候，他刚烧好水，正从办公桌的抽屉里拿出上一次泡茶时用的那种茶叶。见区经忙着泡茶，我趁机整理一下思路，想一想待会儿怎么跟他把事情说清楚。

区经泡好了茶，我拿起茶杯喝了一小口，感觉茶的味道和上次的不一样，没有上一次的好喝。我问："这是和上次一样的茶吗？"

区经也拿起茶杯喝了一小口，对我点了点头。

"怎么这个茶……没有上一次的好喝？"

区经笑着说："你上一次是兴高采烈地过来的，而你这次是皱着眉头过来的，喝茶也是要看心情的。还是先说说你的情况吧。"

我又拿起茶杯喝了一口，想了想，说："这套房子……客户有跑单的可能，你有没有能力把握住房东？"

区经拿起茶杯闻了闻茶香，喝了一口，放下茶杯，慢悠悠地说："房东名下还有好几套房子，手续都是我帮她办的。房东不想让别人骚扰她，所以房管局、物业、水电公司留的都是我的电话，没有人能直接找到房东。就算找到了房东，房东也不会跳单，因为房东是特别讲信用的人，你就放一百二十个心吧。"

我悬着的一颗心终于落了地。我仔细地说了这套房子的情况，还有接下来的谈单方案。

和区经谈完之后，我骑着电动车返回门店，思考待会儿给房东打电话时应该说什么。

现在房东的底价是 99 万元，客户的底价是 98 万元，还差 1 万元。我打算运用折中法，先让客户加 5000 元，再让房东降 5000 元，看看能不能速战速决。如果谈不成，我就把他们约到公司谈，1 万元除以 3，三方各让3333 元——房东降 3333 元，客户加 3333 元，中介费减 3333 元。

我想了一会儿，然后拨通了房东的电话。

"李姐，我不停地和之前的客户沟通，客户已经加了很多次钱了，现在客户愿意出 97 万元。李姐，我知道您不可能按照这个价格卖，我只是向您汇报一下昨天的工作。待会儿我再打一些广告，帮您多找几个客户。"

"小钟，你跟这个客户说的底价是多少？"

"100.5 万元。"

"小钟，这个客户太不干脆了。剩下的差价，你自己做主跟客户谈吧，一点一点地给客户降，不要降得太快。我再说一遍，我的底价是 99 万元，还给两个点的中介费。我现在有事情要忙，辛苦你了！"房东平静地说。

我心想，房东不愧是一个成功的商人，一听就是谈判高手，她的说法跟我的想法不谋而合。电话那头的声音很嘈杂，我本来想说别的，但房东现在没空听我说话，我干脆不说了。

我赶紧说："好的，您先忙。有什么新的进展，我再给您发微信。"

"好的。"房东说完就把电话挂了。

房东已经充分授权给我了，我跟客户谈起来会轻松一些。我马上开始思考稍晚给客户打电话的时候应该说什么。

过了一会儿，我拨通了客户的电话。

"小钟，这套房子谈得怎么样了？"电话刚接通，客户就急切地问，这说明客户很想买这套房子。

"谢哥，今天早上我又跟房东聊了半个小时，嘴皮子都磨破了，房东才降了 5000 元。谢哥，现在的价格是 100 万元，您觉得怎么样？"

客户不说话，估计他正在想如何说服房东降价。

我把该说的话都说完了，所以我也不说话。

过了一会儿，客户平静地说："小钟，既然房东让了 5000 元，我也加 5000 元吧，98.5 万元。"客户知道价格可能已经没有办法再谈了，他也想运用折中法。

我心里不知道有多高兴，只差一步就可以成交了！

"好的，我继续跟房东谈价格。有什么进展的话，我立即告诉您。"我说完就把电话挂了。

场 景分析

谈单谈到最后，买卖双方的出价还差 1 万块钱，双方都不愿意让步，经纪人最好直接打电话分别跟房东和客户说明情况，或者约双方见面谈。

对于房东，经纪人可以说："我已经跟您谈了好几天了，也让客户加了好几万元，现在还差 1 万元，折中一下行不行？我让客户加 5000 元，您降 5000 元，怎么样？"

如果房东不同意，经纪人可以说："要不这样，我让客户多让一点，您降 3300 元，我让客户再加 6700 元，您看怎么样？"

对于客户，经纪人可以说："我已经跟您谈了好几天了，也让房东降了好几万元，现在还差 1 万元，折中一下行不行？我让房东降 5000 元，您加 5000 元，怎么样？"

如果客户不同意，经纪人可以说："要不这样，我让房东多让一点，您加 3300 元，我让房东再降 6700 元，您看怎么样？"

如果实在谈不拢，还有一个方案：房东降 3300 元，客户加 3300 元，中介费减 3400 元。

　　如果客户愿意加 5000 元，但房东不肯降价，应该怎么办？双方的出价只差 5000 元，只需要再折中一次，想办法让房东再降 2500 元，让客户再加 2500 元，就可以成交了。

　　如果房东不肯降 2500 元，客户不肯加 2500 元，应该怎么办？还是用折中法，把买卖双方约到公司来谈，5000 元除以 3 大概是 1666 元，中介费减 1666 元，买卖双方各让 1666 元，就可以成交了。假设房子的总价是 100 万元，买卖双方怎么可能因为 1666 元的差价而成交不了？

　　这根本不是钱的问题，而是经纪人怎么样让客户买得舒服、让房东卖得开心的问题。

场景 57　如何使用细算法

场景还原

　　我站在店门口，继续思考接下来应该使用什么方法做成这个单子。

　　想了一会儿，我决定还是继续用不着急买房的客户的出价跟房东谈价格，然后多打一些广告，让房东知道我为了卖她的房子有多么辛苦。与此同时，我要让客户知道别的客户也在看这套房子，这套房子的潜在买家并不是只有他一个。

　　上午 10 点 30 分，我给房东发了一个带客户看房的小视频，并发了一段文字："这个客户才出 89 万元，我换其他方法帮您找客户。"

　　我把这个小视频转发给客户，给客户也发了一段文字："今天同事带了几个客户去看房，这是同事发到我们公司群里的小视频。谢哥，要不我帮您找其他的房子吧？"

　　客户很快回复我："你把房东约出来，我跟她面谈。"

　　我马上回复客户："好的，我现在给房东打电话，看她有没有时间。"

　　我掏出手机，准备拨打房东的电话，但转念一想，房东现在全权委托我卖她的房子，而且早上给她打电话的时候她已经说了她现在很忙，肯定没有时间跟客户面谈。房东已经说了，底价是 99 万元，她还给 2% 的中介费，价格由我控制。就算见面谈，房东也不可能降价了。我只能先拒绝客户的要求，看看客户怎么说，再做下一步的打算。

过了 10 分钟，我打算发微信告诉客户，房东没有时间面谈。但再一想，发微信不如打电话有说服力，还是打电话比较好。

我马上拨打客户的电话。刚响了两声，客户就接起了电话。我无奈地说："谢哥，房东正在忙别的事情，没有时间出来面谈。房东还说，客户出的价不到位就不用谈了。谢哥，我前前后后已经帮您谈下来 5 万元，我真的已经尽心尽力地帮您谈了。"

"现在房东的底价是多少？"客户平静地问。

客户还是想试探房东的底价，按照他的思路是谈不下去的。我想，不妨用细算法跟客户算一算家具和家电的价值，继续向客户强调这套房子物有所值。

我说："谢哥，这套房子卖 100 万元，其实一点都不贵。您也看过这套房子，光是沙发就茶几就要 7 万元以上。床、衣柜、空调都是知名品牌的，一间卧室的家具和家电就要 2.5 万元，三间卧室要 7.5 万元。冰箱和洗衣机各 8000 元，加起来要 1.6 万元。厨房里的橱柜、抽油烟机、煤气灶、洗菜盆、水龙头都是大品牌的，加起来最少要 2.5 万元。卫生间的马桶是智能的，洗手盆也是高档货，再加上玻璃隔断，至少要 2 万元。"

我接着说："您自己算一下，光是这些东西，就至少要花 20 万元。还有好些项目没算呢，墙壁是硅藻泥的，吊灯、地板砖都是最好的，客厅还有一台 3 匹的空调，这些东西加起来也得花 10 万元以上。粗算一下，这套房子的装修费用至少是 30 万元，这还没算软装呢。如果您买一套简单装修的房子自己住，肯定要重新装修，至少要花 10 万元。"

"我自己装修，2 万元就搞定了。"客户理直气壮地说。

我苦笑了两声，说："谢哥，您可能没有重新装修过，您真的不知道装修有多贵。"

"我现在住的这套房子就是我自己装修的，我怎么可能不知道？"客户有些不服气。

我不想跟客户争论这个问题。如果客户买下一套二手房之后不换家具、家电，也不重新装修，别说花2万元，可能连2000元都花不了。我干脆不说装修，改说家具和家电。

我平静地说："谢哥，您买一套简单装修的房子，如果不重新装修，所有的家具和家电也不换，那您确实不用花那么多钱。但是，您想过没有，洗衣机洗过之前住户的内衣内裤，也不知道他们有没有传染病或皮肤病，您能放心地用吗？"

我停顿了一会儿，继续说："谢哥，买二手房，冰箱肯定是要换的。之前住户吃剩的饭菜都放在冰箱里，万一他们有什么传染病，病菌都集中在冰箱里，您能放心地用吗？"

"这个简单，我买一瓶消毒液好好消一下毒就行了。"客户的语气有些不耐烦。

我笑了几声，说："谢哥，咱们日常用的消毒液确实可以消灭一些细菌，但有些病菌是没法通过消毒液杀死的。这个也算是生活常识，您上网一查就知道了。"

客户不说话，我继续说："谢哥，买二手房，最好把床换一下。之前住户天天晚上在这张床上睡，您好不容易买了一套房子，天天晚上也睡在这张床上，您不觉得难受吗？当然，您要是觉得无所谓，不换也行。如果您打算换床，衣柜和梳妆台一般也要跟着换，一套普通的也得花七八千元，三间卧室配齐了至少也得花2万元。"

"我觉得无所谓。"客户说。

我继续说："谢哥，买二手房，墙壁肯定会有发霉的地方，边边角角的地方发黄、损坏也是难免的。您好不容易买一套房子，难道不重新刷墙？就算用最普通的墙漆，加上人工费至少也得花三五千元吧。如果用硅藻泥，好一点的恐怕要超过1万元。谢哥，买二手房肯定要换很多东西，有些钱恐怕是省不了的。"

"照你这么说，买二手房还不如买毛坯房呢！"客户用讽刺的语气说。

　　我知道客户肯定会这么说，但我不为所动，继续说："谢哥，我自己也买了一套二手房。我本来想着花 2 万元简单装修一下就行了，但您知道我最后花了多少钱？"

　　"多少钱？"

　　"10 万元。"

　　"你是怎么装修的？花了这么多钱！"

　　我叹了口气，说："我刚买下这套房子的时候，真的没想到装修要花这么多钱。我先说说厨房吧。橱柜已经用了好几年，门扣全都生锈了。我本来想着换几个门扣就可以，但是仔细一看，有些门板也坏了，橱柜里还有很多油渍，怎么擦也擦不干净。如果是单身的男人住，可能也就算了。但是我老婆觉得太脏了，她说必须全部拆掉，换新橱柜。"

　　我又叹了口气，继续说："煤气灶也生锈了，里面全是油污。抽油烟机里面的油污就更别提了。洗菜盆和水龙头肯定要换掉，本来想买一套便宜的，但是这些东西天天都要用，质量差的根本用不久，还是要买好一点的。最后，光是厨房就花了差不多 1 万元。"

　　客户笑出了声，看来他很认可我的说法。

　　我又叹了口气，说："接下来说卫生间。我本来想着买点消毒液，给马桶和洗手盆消消毒就可以用了。但是我老婆觉得太脏了，她说必须换掉。一整套换掉又花了好几千元。"

　　"你老婆真是一个爱干净的人啊！"客户半开玩笑地说。

　　"可不嘛！我接着说餐厅。房东留下一张餐桌，不算太旧，但上面有很多油渍，根本擦不干净。我老婆觉得太脏了，看着心里不舒服，就换了餐桌和椅子。这一下，好几千元又花出去了。"

　　客户又笑了："餐桌也要换？你老婆真的太爱干净了。"

　　我接着说："谢哥，我家这套房子，除了地板砖、空调、电视机和卧室的门没有换，其他的都换了。其实，很多人跟我一样，买的时候觉得花 2 万元装修就足够了，结果最后花了 10 万元还不够。"客户保持沉默，估计他觉得我说的有道理，但不好意思这么快就认可我的说法。

　　我话锋一转，说："谢哥啊，就算您买户型相同、普通装修的房子，至少也得花90万元。买下来再花10万元装修，加起来就是100万元。您还得花时间、花精力搞装修。现在这套房子花了30万元装修，您可以拎包入住，对您来说，买到就是赚到。您再想想，花10万元装修是什么效果，能和这套房子花了30万元装修的效果比吗？将来，您的亲戚朋友来您家做客，看到装修这么豪华，您也脸上有光，不是吗？"

　　客户还是不说话。我该说的话已经说完了，该结束话题了。

　　"谢哥，要不……我待会儿去找房东面谈，看看房东最低能降到多少钱，完了我再打电话告诉您。如果您想成交，咱们就马上成交；如果您还是觉得贵，我就把诚意金退给您。"我还是站在客户的角度帮客户说话。

　　客户叹了口气，说："好吧，小钟，辛苦你了。"说完就把电话挂了。

　　我说了这么多，估计客户需要花一点时间消化。只要客户认可我的说法，就会慢慢地松口，同意加钱。

　　下午3点，我在公司用A4纸打印了很多份广告，上面有这套房子的重要信息、价格和我的电话。我去小区附近的广告栏贴广告，贴完之后用微信拍了一张照片发给房东。

　　我给房东留言："今天我去小区附近的广告栏贴广告了。"房东很快回复了一个竖大拇指的表情。

　　我看到广告栏上有同事贴的广告，顺便用微信拍了一张照片发给客户，并给他留言："同事们都在抓紧找客户，看样子今天会有很多客户去看房。"发完这段话之后，我又发了一个无奈的表情。

　　我担心客户产生反感情绪，又给客户发了一段文字："我继续跟房东谈价格，看看能谈到多少钱吧。"

　　下午4点30分，我找了一个纸箱，在上面贴了一张大红纸，上面写着这套房子的重要信息、价格和我的电话号码。我向同事借了一辆电动车，骑到小区门口，用微信拍了一张照片发给房东，给房东留言："我在小区门口举牌子，这个时间来往的行人比较多，遇到想看房的客户，我就直接带他们去看房。"

　　我把这张照片转发给客户，给客户发了一段话："同事正在猛推这套房子，但是他们没有房东的电话号码，肯定成交不了。房东的电话号码只有我和区经知道，我帮您把着关呢，放心吧。"

发完这段话，我又发了一个偷笑的表情。客户也很快给我回复了一个偷笑的表情。

晚上 8 点，我一边看着路边闪烁的霓虹灯和来往的车辆，一边盘算待会儿给客户和房东打电话时应该说什么。想了一会儿，我拨通了客户的电话。

"小钟，跟房东谈得怎么样了？"我还没开口说话，客户就抢着问。我猜他担心其他客户也在抢这套房子，所以很想知道结果如何。

我说："谢哥，我还是把钱退给您算了。谈了半天，房东才降了 3000元，现在的价格是 99.7 万元。"我知道客户非常喜欢这套房子，所以我继续使用以退为进的办法。

客户想了一会儿，说："小钟，这样吧，我出 99.3 万元。如果实在谈不下来就算了，我不买了。"

听到这个价格，我知道成交有希望了。我说："谢哥，好吧，我明天继续跟房东谈价格。如果房东不肯降价，我就把钱退给您。"

场景分析

经纪人可以跟房东和客户细算家电和家具哪些能用、哪些不能用。每一套房子的装修不一样，家电和家具也不一样，经纪人要根据房子的实际情况说。

对于房东，经纪人可以说："橱柜上全都是油烟，抽油烟机太脏了，煤气灶不仅脏而且生锈了，洗菜盆虽然还能用，但是边边角角都发霉了，看着心里不舒服，都要换。"

"卫生间的马桶还能用，但是，别人用过了，自己用就是心里不舒服，就是感觉脏。洗手盆下面的柜子太旧了，而且边边角角都发霉了，螺丝都生锈了，全都要换。"

"客厅的布艺沙发用了两三年，表面看起来很脏，而且不知道多少人在沙发上睡过，肯定有很多汗渍渗透到了沙发里，肯定也是要换的。"

"餐桌更不用说了，不仅有很多划痕，还被烫坏了，餐桌也必须换。墙壁的边边角角都发霉了，还得重新刷墙。"

很多房东都会说自己家的房子装修花了很多钱，买家具花了很多钱，强调这些都是有价值的，希望借此抬高房子的价格。但是，如果是已经住过人的房子，家具和家电也全都用过，这些东西的价值就大打折扣了。经纪人完全可以使用上面的话术跟房东谈价格，把家具和家电的价值抹掉，这也是谈价格的一种技巧。

对于资金比较紧张的客户，经纪人可以说："马桶、洗手盆、洗菜盆、抽油烟机、煤气灶这些东西，找个保洁阿姨帮您清洁消毒一下就能用，只需要花几百块钱，何必买新的呢？"

场景 58　离成交还差临门一脚怎么说

场 景还原

挂了电话后，我想了一下，现在房东的底价是 99 万元，客户愿意出 99.3 万元，已经多出了 3000 元中介费。但是，诚意金合同上写着给客户减 5000 元中介费，我也不知道区经同不同意减 2000 元中介费。

想到这里，我决定向区经汇报具体情况，争取让他同意配合我说服房东，让房东在中介费上做一些让步。我掏出手机拨通了区经的电话。

"现在房东的底价是 99 万元，客户愿意出 99.3 万元，这 3000 元房东能折算成中介费给我们吗？不过……我已经给客户减了 5000 元中介费！"

"这套房子不能减中介费，如果你减了中介费，就让其他同事成交吧。这个单子我不好插手，你自己想办法吧，我相信你的能力。"电话那头传来乱哄哄的声音。

"你在哪里？你那边好吵啊。"

"我在外面和朋友吃饭呢，我跟房东太熟了，不好开这个口，你自己想办法吧。"

挂了电话，我继续盘算，如果现在告诉房东客户愿意出 99.3 万元，房东会不会觉得太突然了，会不会突然涨价？

客户之前跟我说，谈价格的时候要多留点余地，多给房东打几个电话，让房东觉得我谈得非常不容易，这样房东才更愿意降价。客户也是一个谈判高手，他说的很有道理。

想好怎么说之后，我拨通了房东的电话。

"李姐，客户只给 5000 元中介费，我们区经不同意减中介费，就算客户愿意出 99 万元，这个单子还是成交不了。"

"你的意思是让我再给 5000 元中介费？"

"李姐，您看，我帮您带了这么多客户去看房，目前只有一个客户出的价格还算合适。这套房子成交之后，扣掉房源费和公司的提成，到我手上就没有多少钱了，但我已经花了五六百元帮您打广告。这个月我最少带了 20 多个客户去看您家的房子，我也不容易啊！"

房东不说话。我心想，房东不会以为我在吃差价吧？我转念一想，区经和房东的关系不错，如果房东不同意，我就去找区经，让他出面跟房东谈，因为他要求中介费不能打折。对房东这样的成功商人来说，多出 5000 元中介费不是什么难事，而且我现在已经帮房东多卖了 3000 元。

过了一会儿，房东说："小钟，我这边的底价还是 99 万元，我给两个点的中介费。"

"李姐，如果客户愿意加 5000 元，您就多出 5000 元中介费，这样可以吗？"

房东毫不犹豫地说："可以。"

我连忙说："李姐，您先忙吧，我继续让客户加钱。"房东挂了电话。

经纪人为房东和客户提供的服务是有价值的，中介费是经纪人和中介公司应得的报酬。当然，中介费给多少是可以谈的。客户不愿意给中介费，就找房东谈；房东不愿意给中介费，就想办法让客户加一点钱，让房东配合多给一点中介费。在获得房东和客户认可的前提下，经纪人可以采用灵活的方法争取应得的报酬。

99万元是不是房东真正的底价？我摇了摇头，劝自己不要往这个方向去想，因为房东现在根本不给我讨价还价的机会。反正价格已经谈好了，就差这2000元中介费，我还是跟客户谈吧。

第二天早上9点，我拨通了客户的电话。

"谢哥，我昨天晚上跟房东谈了很久，今天早上又给房东打电话，房东经不住我的软磨硬泡，又降了2000元。我帮您从105万元谈到了99.5万元，离您的出价只差2000元。如果您觉得多出2000块钱心里不爽，我就马上把诚意金退给您。"

客户想了一会儿，说："行，差2000元就差2000元吧，你把房东约出来签合同吧。"

买卖双方直接见面签合同的风险很高。客户的诚意金合同上写的总价是95万元，客户见到房东之后可能会继续跟房东讨价还价，或者提出一些额外的条件，或者让我们减免更多的中介费。客户很可能带着家人或朋友过来签合同，人多嘴杂，说不准会出现什么问题。在诚意金没有转为定金之前，失败的可能性还是很大的。

入行多年，我经历过的失败也不少。有时候买卖双方明明已经谈好了价格和条件，但见面之后，不是房东反悔，就是客户反悔，最后成交不了。现在，更稳妥的做法是先把诚意金转为定金，再让他们见面签合同。

想到这里，我话锋一转，对客户说："谢哥，您能不能多交一点诚意金？我去找房东，先把诚意金转为定金，再约你们见面签合同，行吗？"

"我不是交了2万元诚意金吗？"客户反问。

"谢哥，2万元太少了，就算交给房东，她也可以随时反悔，把这个钱赔给您。"

"定金交2万元就行了！"

我早就知道客户会这么说，我先提出一个没那么好的条件，客户拒绝后，我就可以顺势提出更好的条件——让客户改诚意金合同上的价格。客户已经拒绝了第一个条件，难道还会拒绝第二个条件吗？如果他继续拒绝，就说明他还想谈价格。

"谢哥，您现在有时间到我们公司把诚意金合同上的价格改一下吗？之前签的时候写的是 95 万元。如果我把这 2 万元交给房东，到时候您又不认可 99.5 万元的价格，叫我赔定金，我去哪里找钱赔给您啊？"

客户想了一会儿，笑着说："呵呵，原来你怕这个呀……行！我现在就去你们公司改价格。"

我还没来得及问他什么时候能到我们公司，他就把电话挂了。

我站在店门口思考怎么跟房东谈才能在今天就把这个单子签了。想得差不多之后，我掏出手机拨通了房东的电话。

"李姐，现在还差 5000 元中介费。我尽量想办法让客户加到 99.5 万元，然后收定金。"

"小钟，就按你说的去做吧！"

我说："李姐，我去收定金，您起码得写个委托书给我啊。如果我收了定金，您突然不卖了，我就得赔偿双倍定金。"

房东问："委托书怎么写？"

"您有不动产权证复印件吗？您拍一张照片发给我，我把委托书写好，然后拍照发给您看。您看了觉得没问题，我就打印出来找您签字，您也不用跑来跑去了。"

房东想了一下，说："好，我现在发给你。"

我本来想说中介费的事情，但房东没给我这个机会。我心想算了，还是等见面之后再说吧。

过了几分钟，房东把不动产权证复印件的照片发了过来，我马上打开委托书模板，把地址、价格、付款方式、税费等条款全部修改好，还打印了一份室内物品清单，准备去房子里抄写家具和家电的具体型号。

清点室内物品的时候，家具和家电的型号必须写清楚。

我的一个同事之前卖了一套别墅，房东称装修花了 100 多万元。清点室内物品的时候，房东说："小件的家具和家电拿走一些，床、沙发和柜子这些大件都不要了，电视机也不要了。"同事听了，在合同上只写了一句话："送部分家具、家电。"

谁知道，在办理过户的时候，房东和客户不知道因为什么原因吵了起来。过完户之后，房东一气之下跑去咨询律师，然后把所有的家具和家电都送给了朋友。十几万元的中央空调，一万多元的浴缸，卧室里的电视机、沙发，甚至客厅里的吊灯，全都被拆下来送人了。送完这些东西，房东还不解气，不知道从什么地方拉来一张三条腿的床放在卧室里。后来，客户拿着合同去找律师，想要告房东，但送一张三条腿的床也算是送部分家具，律师都不接这个案子。

我的另外一个同事也有类似的经历。他在抄写室内物品清单的时候，把所有的家具和家电都写上去了，但没有写具体的型号。等到过完户，去房子里办理交接手续的时候才发现65英寸的电视机变成了32英寸的电视机，红木沙发变成了布艺沙发，冰箱和洗衣机也都变成了旧的。房东是故意这么做的，他不接同事的电话，同事也拿他没办法。

碰到这种情况，就算去告房东也是告不赢的，因为清单上并没有写明具体的型号。最后，同事实在没有办法，只能按照家具和家电的价值减免中介费，弥补客户。

我看了看时间，已经过去半个小时了，客户还没到公司。我刚要给客户打电话，客户就到了店门口。诚意金合同的电子版保存在公司的计算机里，我改好价格，重新打印了两份，让客户签字、按手印。把客户送走之后，我马上骑着电动车跑到房子里，把室内物品清单写好。

为了让委托书看起来比较正式，我把手写的室内物品清单做成了电子版。为了避免写错，我先打印了一份委托书，看了三遍。

确认没有问题之后，我又让经理帮我检查了一遍。经理说没有问题，我就用微信把委托书和室内物品清单发给了房东。

制作文书的时候为什么要这么认真？拟好文书之后为什么要让别人检查一遍？因为每个人都有自己的知识盲点，很容易产生一些自己没有意识到的错漏，而且出现错别字等情况也是难以避免的。

当你把一份满是错别字、句子读起来磕磕巴巴的文书递给房东或客户看的时候，他们就会觉得你特别不专业，肯定会反反复复地检查文书，很可能会挑出更多的毛病。签订文书本来是为了促成交易，但一份不专业的文书只会给经纪人带来更多的麻烦，甚至导致无法成交。

房东马上用文字回复："收到。"

半个小时之后，房东在微信上回复我："委托书没有问题。"

我回复房东："好的，我马上打印委托书。您现在有时间吗？我拿过去给您签。"

"我在迎宾酒店大堂等你，你现在过来吧，一会儿我还要陪客户吃饭。"

我马上回复："好的，我现在就过去，大概 20 分钟后到。"

我先把委托书打印出来，然后拨通了区经的电话。我想让区经陪我过去，让他帮我说说话。区经干脆地拒绝了我："这事你自己能处理好，我就不过去了。我跟房东太熟了，就算跟你过去，也不好意思开口。"

区经指望不上了，我拜托经理开车陪我过去。这是我的工作习惯：在成交的关键时刻，我会尽量拉个人帮忙，万一出现什么突发事件，好歹也能多一张嘴。

到了酒店大堂之后，我拨通了房东的电话，问她现在在什么位置。身后有人喊了一声："在这儿呢！"

我转过头一看，一位优雅的女士正在向我招手。她穿着黑色的连衣裙，显得皮肤非常白，发型是很古典的样式，显得气质非常出众。

我连忙走过去打招呼："李姐，您好！"

房东笑着点了点头。我连忙介绍："这位是我们门店经理。"

经理连忙跟房东打招呼。房东又笑着点了点头，算是打过招呼了。大堂的休息区有几张空着的桌子，房东带着我们坐下。

我坐在房东的斜对面，拿出委托书给她看。房东接过委托书认真地看了起来。房东的举止十分从容，一副一切尽在掌握的样子。我之前已经用微信把电子版的委托书发给了她，但她还是认真地看了一遍纸质版的委托书，这说明她是一个很谨慎的人。我和经理坐在旁边不说话，静静地等着房东把委托书看完。

大概过了 10 分钟，房东放下委托书说："我的底价是 99.5 万元，我还出 25000 元中介费，其他事情我就不管了，但是你们不能在中间吃差价。"

"李姐，您放心吧。我做的所有事情都是经过我们区经同意的。"

房东点了点头。

我继续说："李姐，我现在去做客户的工作，咱们今天就把合同签了。"

房东看着我说："委托书没有问题，在哪里签字？"

我指着右下角空白的地方说："李姐，在这里签。"房东从自己包里掏出一只闪闪发光的笔，从容地签好了字。

我忍不住说："李姐，您这支笔好漂亮啊，不便宜吧？"

房东笑了笑，说："我签几百万元的合同时才用这支笔。"

我对房东说："李姐，您带身份证和不动产权证了吗？"

来酒店之前，我特意跟房东说了我需要拍一下身份证和不动产权证，因为跟客户收定金的时候要给客户看一下。

房东从包里拿出不动产权证和她的身份证，又拿出了不动产权证和身份证的复印件，上面已经签好了字，写着"委托 × × 公司收定金使用"。房东不愧是商人，早就把这些资料准备好了。

确认所有的资料都没问题之后，我把资料收好，对房东说："手续已经办好了。"

房东起身说："好，你们去忙吧，我还有点事情。"

告别之后，我和经理走出了酒店，我发现自己的后背出了很多汗，衣服已经湿了一片。

经纪人这份工作真的太难做了，为了收全佣，我们不得不绞尽脑汁。很多客户和房东都不信任我们，认为我们挣钱太轻松了。其实，为了做成一个单子，我们在背后要做很多工作。

下午 3 点，我按照委托书上房东的银行卡号，把客户的 2 万元诚意金转给了房东。过了 10 分钟，我拨通了房东的电话。

"李姐，我刚才给您转了 2 万元定金，您收到了吗？"

"收到了。"

"李姐，您今天有时间签合同吗？我想今天就约客户把合同签了。我担心这个客户突然反悔，再找一个诚心买房的客户可能需要花很长的时间。耽误了您卖房，您那边的资金就不好周转了。"

"客户不是交了 2 万元定金吗？"

"李姐，以前有很多客户都是头一天交定金，第二天就不想买了。我干这一行很多年了，这种情况见得多了。"

房东想了一会儿，说："我今天没有时间啊，你安排到明天上午 10 点吧。"

我无奈地说："好的，我先跟客户约好时间，然后通知您。"

"好的。"挂了房东的电话之后，我马上拨通了客户的电话。

"谢哥，这套房子我已经帮您搞定了，诚意金已经转为定金了，明天上午 10 点到我们公司签合同。"

客户开心地说："行！小钟，辛苦你了！"我又跟客户聊了一会儿，才把电话挂掉。

晚上 8 点多，我突然想起一件事情，我得先让客户确认房子的家具和家电，免得签合同签到一半，又要跑到房子里清点家具和家电，在这个空当说不准会出现什么问题。我马上拨通了客户的电话。

"谢哥，房东非常忙，我已经抄了一份家具和家电的清单。明天早上 9 点 30 分，我跟您先到房子里清点家具和家电，清点完后，直接到我们公司签合同。我怕签合同签到一半，又要跑到房子里清点家具和家电，万一房东突然不想卖了，就会很麻烦。"

客户很痛快地答应了。

第二天早上 9 点 30 分，我和客户准时到了房子里面。我照着清单一样一样地清点，花了大概 10 分钟。清点完家具和家电后，我和客户一起回到了公司。我把提前写好的合同草稿递给客户看，并递给他一支笔。

我说："谢哥，这是合同草稿，您先看看。有什么不对的地方，就用笔圈出来，待会儿我修改。"客户接过合同和笔，认真地看了起来。

上午 10 点左右，我站身起来对客户说："谢哥，您慢慢看，我出去接一下房东。有什么不对的地方，您就跟我们经理说。"

我指了指坐在我旁边的经理。客户抬起头看了看我，点了一下头，继续认真地看合同。

我刚走出店门，就看到区经的车缓缓地驶了过来。区经停好车之后，房东推开车门下了车，我赶紧走过去迎接。房东对我点了点头，算是打过招呼了。

我连忙说："李姐，合同上的价格是 99.5 万元，待会儿您过去就说卖 99.5 万元就可以了。"

房东笑着说："小周刚刚在车上跟我说过了，你放心吧，我知道应该怎么说。"

区经尴尬地笑了笑，抓了抓头发，原来他在背后也帮我做了不少工作。其实，我昨天晚上也把这个单子的情况跟他详细地说了一遍。

房东进了办公室之后就开始看合同。合同上的主要条款和委托书、诚意金合同上的条款是一样的，房东看完合同说没问题，客户也说没问题。我们门店经理在旁边已经工工整整地抄好了两份合同。

买卖双方简单沟通了一下，约好了过户时间。大概 15 分钟之后，买卖双方签字、按手印，开心地走出了门店。

场 景分析

经纪人给买卖双方各打了三个电话，然后用微信告诉房东有很多人在看房，但是客户的出价很低，然后强调有很多人在抢这套房子，再用折中法把买卖双方的出价拉近，最后用细算法再一次把双方的出价拉近。

这样一套谈单流程走下来，买卖双方的出价不会相差很多。就算实在谈不拢，经纪人也可以把双方约到公司见面谈，利用独家委托案例中房东的谈判技巧，让客户或房东配合，最终成交的可能性非常高。

总 结

在谈单的过程中，当客户出价时，经纪人要注意对价格进行"卡位"，如果客户的出价低于房东的底价，就要先想办法让客户加钱，然后想办法让客户交诚意金。

经纪人给房东打第一个电话时可以赞美房东和他家的房子，试探房东的底价。与此同时，经纪人可以给客户打电话，向客户汇报情况。经纪人给房东和客户打第二个、第三个电话时可以分析市场行情，介绍相关政策（如限购限贷政策等），强调自己做了很多工作。

如果买卖双方都不肯在价格上让步，经纪人可以通过微信告诉房东有很多客户在看房，但是客户的出价很低，他的报价的确有点高。与此同时，经纪人可以告诉客户有很多人在看这套房子，让客户产生尽快成交的意愿。

如果买卖双方还是不肯在价格上让步，就用温水煮青蛙的方法和折中法，一点一点地让他们在不知不觉间让步。

如果买卖双方还是不肯在价格上让步，经纪人可以使用细算法，细算每一样家具和家电的价值。

经纪人每次给房东打电话时都要先说客户已经加钱了，让房东觉得经纪人在尽心尽力地帮他谈价格。房东开心了，才会愿意降价。经纪人每次给客户打电话时都要先说房东已经降价了，让客户觉得经纪人在尽心尽力地帮他谈价格。客户高兴了，才会愿意加钱。双方都愿意让步，最终才能谈出一个可以成交的价格。

谈单不是一个电话就能谈下来的，经纪人要按照既定的流程跟房东和客户谈价格。如果这个单子比较着急，经纪人可以只用一天或半天的时间走完整个流程。经纪人只有让房东和客户都觉得经纪人已经尽力了，实在没有办法了，房东才会降价，客户才会加钱。

学区房：跟客户强调什么，如何安顿孩子和老人

买学区房的客户需求比较突出，主要就是为了获得学位。很多买学区房的客户只在乎自己的孩子能到心仪的学校读书，并没有细致地考虑其他方面的问题。经纪人要帮助客户解决他们没有想到的问题，只有这样客户才会觉得经纪人非常专业，成交才会更加顺利。

学区房涉及孩子的安全问题、孩子的接送问题、生活便利的问题、家里老人生活方便的问题等，本章内容可以帮助大家更好地应对这些问题。

场景 59 介绍孩子自己上下学的安全性

场景还原

在一个阳光明媚的早上，我有一个新同事要带一个客户去看房。她说她带这个客户看过很多房子，但客户很挑剔，到现在也没有看中任何一套房子。其他公司的经纪人也在跟这个客户，她带客户看房的时候经常有别的经纪人给客户打电话。

这个同事是新手，她拜托我陪她去看房。我手上也没有其他着急的工作，就答应陪她去看房。我们来到房子，客户看了不到两分钟就看完了。我通过客户的表情判断，客户不是很喜欢这套房子。

同事问客户："大姐，您觉得这套房子怎么样？"

"我回去考虑考虑再给你打电话吧。"客户说完就转身走出了房子。

我不了解客户的情况，也不知道同事之前跟她说了什么，所以在看房的过程中没有说话。我怕说错话，搞砸了这个单子。同事垂头丧气地跟着客户走出了房子。

我想了解客户的需求，重新给客户匹配房源，于是马上跟着客户走了出去，帮客户按了电梯。

我试探性地问："大姐，您好，我是小李的经理。我们公司有很多房源，为了帮您更快地找到合适又便宜的房源，我想了解一下您的需求。您买房是为了自己住还是投资，还是为了孩子读书？"

客户看了看我，说："孩子快要上小学了，我想让孩子在对面的第一小学上学。考虑到接送方便，我想在学校附近买一套房子。"

我问："大姐，家里有老人帮您接送小孩吗？"

客户说："有时候我比较忙，也会叫老人过来住一段时间，帮忙照看孩子，但平常都是我自己带孩子。"

我想了解客户上班的地方远不远，接送孩子方不方便，于是继续问："大姐，您在哪里上班？上班的地方离孩子的学校远吗？"

客户看了看我，说："我上班的地方不远，开车也就10多分钟吧。"

我对客户笑了笑，继续问："大姐，平时是您还是您的爱人接送孩子？"

客户叹了口气，说："平时都是我接送孩子，我老公比较忙，经常出差。"

经纪人在为客户匹配房源之前，要先了解客户的家庭情况，这样才能了解客户的真实需求，加快成交的速度。

看样子，她老公才是家里的主要经济来源。电梯很快到了一楼，我按着电梯的开门键，用另一只手挡住电梯门，先让客户走出电梯。

经纪人带客户看房的时候一定要注意礼仪。电梯到了，经纪人要先走进电梯，站在控制按钮旁边，用手按住开门键，等客户上电梯之后再关上电梯门；电梯到达后，经纪人要用一只手按住开门键，用另一只手打手势请客户先走出电梯。很多经纪人带客户看房的时候，电梯一到，就直接走进电梯，站在最里面，等到客户进电梯的时候，电梯刚好关门，很可能会夹到客户。有些客户当天遇到了一些倒霉的事情，心情本来就不好，再被电梯这么一夹，肯定就没心情看房了，更不用说买房了。

简单问了几个问题之后，我对客户的情况有了一个大概的了解，我决定先帮客户解决接送孩子的问题。我努力回想手上的房源，想要找出靠近这所学校、接送孩子方便的小区，我突然想到了一个比较合适的房源。

我走出电梯，对客户说："大姐，平时接送孩子确实比较辛苦。我们公司目前有一个特别适合您的房源，离学校不远，接送孩子特别方便，您现在有时间过去看看吗？"

客户用诧异的眼神看着我，说："有这样的房源吗？小李为什么不带我去看？你是不是想忽悠我？"看起来，这个客户的防备心还挺强。

我笑着说："大姐，看房又不收费，只是耽误您几分钟的时间。"我转过头对同事说："小李，你现在回去拿对面小区三楼的钥匙，我们走过去看房。"

小李听到我说的话，马上骑着电动车回公司拿钥匙。

客户指着对面的小区，一脸疑惑地问："你说的是那个小区吗？那是 90 年代的房子，也太旧了吧！我想在环境比较好的新小区买一套房子。"

虽然客户很不满，但我还是很自信地说："大姐，您别急，您跟我过去看看就知道我为什么建议您买这个小区的房子了。"客户本来想走，但见我信心满满的样子，只好跟着我走向那个小区。

到了小区门口，我决定先用话术把客户的好奇心勾起来。我信心满满地说："大姐，现在路上的汽车和电动车特别多，孩子自己去学校，您能放心吗？"

"现在路上的车这么多，我怎么可能让孩子自己去上学？"客户不耐烦地说。果然，客户根本没有想过让孩子自己去上学。

我笑了笑，不慌不忙地说："大姐，从这个小区门口走到学校门口，直接走人行道就行了，没有一个红绿灯。就算是孩子自己上下学，也非常安全。"

客户愣了一下，但只是一瞬间。我拿出手机，打开计时器，点了一下按钮，开始计时。我说："大姐，我们现在从小区门口走到学校门口，看看需要多长时间。我顺便给您介绍一下这条路。"

客户一脸不情愿，但是看着我手机上的计时器，她心里也充满了好奇，只好跟着我向前走。

我一边走一边说："大姐，您看，这里有一个摄像头，前面还有一个摄像头，这条路上有好几个摄像头。万一孩子在上下学的路上出了什么事情，您可以第一时间调出录像，找到孩子。"客户顺着我手指的方向看了过去。

"大姐，您再看人行道的护栏，都有绿化带隔着，而且绿化带这么高，车不可能开得上来。孩子走这条人行道上下学是非常安全的。"

客户看了看绿化带，又看了看我，刚才紧锁的眉头舒展了一些。看得出来，她也认为孩子走这条路上下学是比较安全的，她的戒备心弱了很多。

走到学校门口的时候，我按下停止计时的按钮，把手机递给客户，说："大姐，从小区门口走到学校门口才花了4分钟，而且我们是一边聊天一边走过来的。"

客户没有说话，估计她在想孩子能不能自己上下学。

场景分析

经纪人要准确把握客户的心理，在家长心中，孩子的安全高于一切。

对于客户，经纪人可以说："五六年级学生可以自己骑自行车上下学，但有些学生特别调皮，偶尔会跟同学'飙车'，这是很危险的行为。"

"这条路没有红绿灯、没有斑马线，过马路很危险。很多学生过马路的时候一路小跑，不注意旁边的车，很容易发生危险。还有的学生过马路时相互打闹，你追我赶，这也是很危险的。"

"很多学生坐公交车上下学，司机刚停好车，很多学生一边跟同学打闹一边冲下公交车，很容易被路边的自行车、电动车撞到。"

经纪人说完上面的三点之后再给客户总结一番："大姐，您买了这套房，小孩从学校回家，不经过红绿灯，不用骑自行车，也不用坐公交车，从一年级到六年级您都会很放心。"

现在有很多城市在道路旁边安装了大量的摄像头，经纪人向客户介绍小区周边环境时可以强调摄像头的位置和数量，让客户觉得孩子的安全很有保障。

场景 60　介绍接送孩子的便利性

场 景还原

孩子上下学的安全问题解决之后，我再帮客户彻底解决接送孩子的问题。我对客户说："大姐，其实这套房子能给你们夫妻带来很大的方便。"

客户反问："不就是靠近学校吗？"

我笑着说："大姐，您说的对，小区靠近学校就是方便。这个小区的很多家长有时候没空接小孩，即便孩子才上一二年级，也可以让孩子自己回家。孩子可以顺着这条人行道从学校门口直接走到小区门口，非常安全，而且只需要 4 分钟。假设您的孩子刚上一年级，年龄比较小，还不太懂事，让他自己上下学您肯定不放心。但是，等他上了三年级以后，您就不用接送了。上了三年级的孩子基本上已经懂事了，自己就会注意安全。您免不了要加个班、开个会什么的，不可能每天都有时间接送孩子。"

买学区房的客户很多时候只关注学区的问题，根本没有想过能否让孩子自己上下学这个问题。只要帮助客户解决孩子上下学的问题，经纪人就可以在客户心中树立专业形象，客户就会更加信任经纪人，成交速度也会加快。

我一边说一边观察客户，这个客户看起来 35 岁上下，皮肤保养得不是很好，剪了一头短发，手指比较粗糙。一般来说，做家务较多的女性手指会比较粗糙。她穿着一件灰色带花边的衬衫、一条黑色的休闲裤，配着一双米黄色的公主鞋，看起来很朴素，她应该是一个比较节约的人。

客户一直在思考，可能还没有转过弯来。我想了解客户的经济状况，于是问："大姐，您打算按揭还是一次性付款？"

"按揭也可以，一次性付款也可以。"客户的回答模棱两可，我无法判断她家的经济状况如何，她的戒备心仍然很强。

我换了个话题，继续问："大姐，这所学校是我们市里最好的学校。很多家长为了让自己的孩子来这里读书，把家里的老房子都卖了。"

"是的，我们也是先把老房子卖掉，然后在学校附近买一套房子，让孩子进这所学校读书。"客户一脸无奈地说。

客户卖掉老房子才有钱买这套房子，这说明客户手上的钱不多。我心想，真是可怜天下父母心啊，很多家长花很多钱在这所学校附近买房，为的就是让小孩进入一所好学校，将来能有一个好前途。

我顺着客户的话说："大姐，我有一个客户是一家公司的老板，他的孩子也在这所学校读书。我问他为什么非要让孩子进这所学校读书，他的回答特别有意思，和别的家长都不一样。他说，在这所学校读书的很多孩子的家长都是公司老板，这些孩子长大之后很可能会接他们父母的班，他的孩子从小就和这些未来的老板交朋友，将来还用发愁孩子找不到工作吗？他笑着说，他不知道他的公司能不能经营到孩子长大成人的时候，也不知道孩子将来愿不愿意接他的班，但他的孩子长大以后起码认识很多当老板的朋友，发展机会肯定会多一些。做生意的人想法就是和普通人不太一样，但这个客户说的也有道理。"

客户盯着我的脸，她肯定也没想过让孩子上这所学校有这样的好处。

我挺起胸脯，继续讲故事："大姐，我去年碰到一个客户，我介绍她买这个小区的房子，她嫌这个小区太旧了，她想买环境好的、大一点的小区的房子。她还说，辛苦了这么多年，好不容易买一套房子，就是为了享受生活。我对她说，三四十岁正是打拼事业的时候，不是享受的时候，等将来孩子长大了，成家立业了，才是享受的时候。我劝了她好几次，她不肯听，后来买了前面那个小区的房子。"我用手指着前面的一个小区，客户顺着我手指的方向看过去。

"现在她的孩子上小学了，她才后悔了。她每天早上 6 点多就要起床，收拾好之后，还要送孩子去学校。虽然走路 15 分钟就能过去，但要经过两条马路。放学的时候，路上来往的车辆特别多，那个小区没有一个家长敢让孩子自己回家。孩子中午放学要接送，下午放学还要接，她一天到晚都在接送孩子，根本没有心思上班。"

客户一脸认真地看着我，估计她想通过我的表情判断我说的话是真的还是假的。

我充满自信地说："大姐，那个客户还说，她有时候需要加班，没时间去接孩子，只好打电话拜托亲戚或朋友接孩子。偶尔一两次无所谓，但是有一段时间她特别忙，频繁请亲戚或朋友帮忙接孩子，后来就没人愿意帮忙了。她实在没有办法，就在学校附近找了一家午托，每个月还要花几百元午托费。虽然中午不用接送孩子了，但晚上还要去接孩子。家里就夫妻两个人，她老公经常出差，她自己经常加班。后来，她实在没有办法，只好把以前的工作辞了，找了一份上班时间比较自由的工作。换了工作之后，接送孩子确实方便了，但是工资低得可怜。为了孩子，她牺牲了自己的事业。"

我叹了口气，继续说："客户还说，她原先的想法是在环境好的、大一点的小区买一套房子，晚上下班之后，还能在小区里散散步，享受一下生活。哪知道晚上下班之后，回到家先得做饭，然后辅导孩子写作业，还要哄孩子睡觉，根本没有时间散步。那个小区的房价比较高，他们的首付款是借钱凑的。她老公为了还贷款，几乎每天都在加班，生活压力非常大。"

我偷偷观察客户的表情，她的表情有些僵硬。我估计我又说中了，她手上可能真的没有多少钱，估计也得贷款。

我说："大姐，对您来说，买房不用过多地考虑升值的事情，您买房就是为了让孩子读一所好学校，为了自己生活方便，千万不要给自己太大的压力。这个小区离学校这么近，您下班回家之后把车停好，走路去学校接孩子只需要花四五分钟。学校放学的时候，很多家长开车去接孩子，把马路都堵死了，经常会堵上半个小时，所以很多家长宁愿骑电动车去接孩子。"

场 景分析

接送孩子对家长来说是非常重要的问题，针对接送孩子的话术主要来源于生活。

"大姐，有很多次下雨了，我开车去接孩子，在学校门口停好车，接完孩子才发现车开不出来，被堵死了。然后，我只能打电话让家人骑着电动车来接我们，吃完饭再去学校把车开回来。如果您买了这套房子，下雨天打着一把伞，走路过来也就是 5 分钟的时间，接完孩子就可以直接回家，多方便啊！"

"大姐，这个小区离学校这么近，可以帮孩子节省很多时间。如果您买了这套房，孩子走路去学校需要 5 分钟，骑电动车只需要 1 分钟。有些小区离学校比较远，骑电动车送孩子一趟要 10 分钟左右，因为要经过好几个红绿灯。一天来回四趟就是四五十分钟。您想想，一天就可以帮孩子省出来四五十分钟，用来练字、算数学题多好，一年下来您家的孩子跟其他孩子就会有很大的差距。"

"大姐，我经常看见很多五六年级的学生在学校门口等公交车回家。有一次我过去问他们，你们家长不接送你们上下学吗？有一位学生说，父母有时间就接送，没时间就自己坐公交车，每天车费只需要几块钱，就是等公交车太麻烦了，有时要等十几分钟才来一趟车。大姐，您买了这套房，连车费都省了，还可以帮您的孩子节省很多时间。"

经纪人平时接送孩子遇到了哪些难题、怎么解决的，都可以跟客户说，这样的话术是非常有说服力的。

场景 61　介绍家电、家具

场景还原

客户转头看了看四周，她还是不太相信我说的话。我卖这个小区的房子已经好几年了，对附近的情况非常熟悉，所以我很有底气。

我和客户在学校门口站了一会儿，然后朝小区的方向走。客户的手机突然响了，客户接起电话，过了几秒，说："我现在没有时间看房，有时间我再给你打电话。"说完就把电话挂了。

我猜这个电话是别的经纪人打过来的。为了缓解尴尬的气氛，我对客户笑了笑，继续说："大姐，如果您需要加班或没时间接孩子，可以让孩子自己回家。如果您没时间给孩子做饭，可以用手机点外卖送到家里，让孩子自己吃饭，也不怕孩子饿肚子了。这样一来，您就可以放心地完成自己的工作。如果您还不放心，您可以在家里装个摄像头，随时都能了解孩子的情况。您可以放心地在公司加班，还可以锻炼孩子独立生活的能力。"

客户的眼睛一直看着前方，不知道她在想什么。可能我说的这些问题，她之前都没想过。我想了想，不如再加一把火。我说："大姐，如果孩子年龄比较小，您确实不放心，您可以在学校附近找个午托，中午就不用接送孩子了，晚上可以让老师把孩子送回家。这样一来，你们夫妻就不用为接送孩子的问题操心了，你们夫妻可以空出很多时间去做自己的事情。"客户一脸茫然的表情，可能她的性格比较内向，不太爱说话。

我干脆再来一个大总结："大姐，如果您买了一套房子，还要整天担心孩子的安全，为了接送孩子放弃自己的事业，放弃自己想要的生活，你觉得买这套房子值得吗？"

很多客户都会陷入这样的误区，他们认为买学区房要买小区环境好的、小区面积大的、升值空间大的，但他们很少考虑生活方便的问题。其实，生活方便的学区房可以极大地提高客户家庭的生活质量。

客户脸部的肌肉抽搐了一下，只是一瞬间，但我看得清清楚楚。

客户叹了口气，问："你贵姓？"

"我姓钟，闹钟的钟。"

"钟经理，你好，你做这个行业做了多久了？你说的这些都是我之前没有想到的。"客户说话的语气温和了很多。

我对客户笑了笑，说："大姐，其实这些都是客户教我的，我接待过很多买学区房的客户，每个客户或多或少都能教我一点东西，我只是总结了一下他们买房的经验。买学区房的客户遇到的问题其实都差不多。"我说的都是大实话。

客户笑呵呵地说："原来客户就是你的老师！"

"大姐，真是可怜天下父母心啊！那么多家长花很多钱买学区房，就是为了让孩子读一所好学校。这些家长都希望孩子完成自己小时候没有实现的心愿，我觉得他们的想法不一定是对的。"

"为什么这么说？"客户一脸疑惑地看着我。

我说："家长才是孩子最好的老师。如果您是一家公司的老板，您的孩子从学校出来就可以成为公司的副总。您想想，普通孩子要打拼多少年才能成为公司的副总？我不是说学习不重要，但如果家长是一位巨人，孩子就可以站在巨人的肩膀上起步。我认为，家长打拼事业的精神和成就对孩子未来的前途也是非常重要的，您觉得呢？"客户对我竖起了大拇指。

我远远地看到小李在小区门口来回踱步，于是转过头对客户说："大姐，小李拿钥匙过来了，我们先去看房吧。"客户点了点头，没有说话，我们加快脚步向小区走去。

走进房子之后，我马上打开灯。这个房子重新粉刷过，显得很干净。房子里的家具和家电都有些年头了，客户看了之后眉头紧锁。

我带了十几个客户来看这套房子，每个客户都会问同一个问题："这么旧的家具和家电，怎么用啊？"

我不慌不忙地说："大姐，这套房子的户型比您刚刚看的那套还要好，方方正正的，没有浪费一点空间。这套70多平方米的小三居和刚刚看的那套90平方米的大三居的使用面积差不多，以前的单位房没有公摊面积，而且有赠送面积。"

客户盯着家具和家电，我必须先解决这个问题。我很诚恳地说："大姐，您买这套房子的话，家具和家电基本上全都要换掉。"

客户转过头，一脸疑惑地看着我。我指着阳台上发黄生锈的洗衣机说："大姐，一台洗衣机使用过几年之后，里面就会有污垢。之前的住户可能用它洗过内衣内裤，也不知道他们有没有传染病什么的，想想心里就不舒服。如果是我，我肯定换一台新的洗衣机。"

我又指着客厅里生锈的冰箱说："冰箱也是一样的。吃剩的饭菜都放到冰箱里，万一之前的住户有什么传染病，病菌都集中在冰箱里。如果是我，我肯定不敢用，我会买一台新的冰箱。"

我走到主卧门口，指着已经过时的米黄色的衣柜和床说："大姐，床和衣柜肯定是要换的。别人睡过的床，自己再睡上去，怎么都不舒服。买二手房，洗衣机、冰箱、床和衣柜这几样是必须要换的。"

客户走到主卧门口，一只手抱在胸前，另一只手顶着下巴，说："钟经理，你这么一说，我确实觉得这些东西都得换掉。"

我走进主卧，说："每间卧室都有空调，而且都是新的。您要是手头紧张，买三张床、三个衣柜就可以搬进来住了，买这几样家具只需要花几千元。您可以先凑合着用，毕竟这套房子纯粹是用来过渡的。等到孩子上了初中，可以自己上下学，不用您操心了，您可以重新买一套小区环境好的房子，那才是开始享受的时候。"客户不说话，她可能接受不了这些家具和家电。

我走出主卧，指着客厅里已经掉皮的棕色真皮沙发说："大姐，这套沙发也要换掉。其实，买一套布艺沙发也就三五千元，就算没那么讲究，至少很干净。"我故意加重了"干净"两个字。

我走到厨房门口，对客户说："这个厨房是新装的，您买个燃气灶和抽油烟机就可以用了。买二手房的时候，如果橱柜、抽油烟机和燃气灶用了两年以上，肯定都要换掉。因为油渍太多了，根本擦不干净。很多客户买了二手房之后接受不了厨房里面脏兮兮的，直接拆掉重新装修。这个厨房已经重新装修过了，帮您省了很多事。"

客户走过来看了一下厨房，说："钟经理，照你这么说，买二手房，家具、家电全都要换掉，厨房也要重新装修，那和买毛坯房还有什么区别？"

我叹了口气，说："大姐，我买的也是二手房。买的时候，我觉得花一两万元简单装修一下就可以住了。但是买下来后，我觉得厨房和卫生间都太脏了，只能拆掉重新装修，家具和家电也都换了新的，最后装修花了 10 万元。"

客户用诧异的眼神看着我，说："这样装修也太奢侈了吧？"

我摇了摇头，说："大姐，很多客户都是这样的。买下房子之后，您就会觉得这里需要装修，那里也需要装修，这个需要换，那个也需要换。每一样都是钱啊！"

我走到卫生间门口，指着已经发黄的马桶说："马桶是必须要换的。人家用过的马桶，您能放心地用吗？还有洗手盆，您看，旁边有这么多污垢，您能用得舒服吗？买二手房，不管买豪华装修的还是买普通装修的，这两样必须换掉。可能单身男人觉得无所谓，但是成家的女性都接受不了。"

客户对我竖起了大拇指，说："钟经理，你做了多少年？还挺能说会道的。"我对客户笑了笑。我说的都是自己的亲身经历，而且已经反反复复地说了很多遍，几乎都能背下来了。

我一边跟客户聊天，一边通过观察客户的表情分析客户的心理，看我说的这些话有没有效果。如果这些话没有效果，我就马上转移话题。

客户走到卫生间门口，看着发黄的马桶，无奈地摇了摇头。家具和家电已经说完了，我打算把话题转移到这套房子对客户有什么价值上面。

我想了想，说："大姐，这套房子卖 38 万元，小区环境好的那套房子卖 58 万元，价格相差了 20 万元，但使用面积却差不多。如果您拿这 20 万元做投资理财，或者买一套小户型的房子出租，每个月也能有 1000 多元的收入。您可以用这些钱还房贷，压力会小很多。您也可以拿这 20 万元去做小生意，这笔钱对您和您老公的事业也会有很大的帮助。"

客户问："这套房子最低多少钱？"

我诚恳地说："大姐，这套房子现在卖 38 万元。您先看好了，确定要买，我再帮您去跟房东谈价格。"客户低下头，不知道她在想什么。

我马上转移话题："大姐，要不您现在打个电话，问问您老公有没有时间，让他过来也看一下。如果他不喜欢，我再帮您找其他房源。"

客户想了一会儿，觉得我说的有道理，拿出手机给她老公打了一个电话。客户挂了电话之后说："我老公大概 20 分钟后到这里。"

客户当场打电话叫她老公过来看房，这说明她诚心买房。

场 景分析

关于家具和家电的话术，前面已经介绍了很多。针对不同的房源，面对需求不同的客户，经纪人要使用不同的话术。

如果是精装修的房子，里面的家具、家电都很新或根本没用过，经纪人可以强调家具和家电的价值。

"这台洗衣机就用过几次，跟新的一样，如果您还不放心，消一下毒就可以用了。"

"这张床和这个衣柜都是全新的，只是上面有一点灰尘，清扫一下就可以用了。"

"如果您觉得睡别人睡过的床垫不舒服，换一个床垫就可以了。"

"厨房里有一点油渍，但煤气灶和抽油烟机都是高端品牌的产品，请家政公司清理一下就跟新的一样，只需要花几百元。"

对于资金紧张的客户，经纪人要多强调家电、家具简单收拾一下就能用；对于资金充裕的客户，经纪人可以说该换的东西都换掉。

场景62 如何安顿好客户家里的老人

场 景还原

解决完孩子的问题，还要解决家里老人生活方便的问题。房子已经看得差不多了，我想带客户到小区里转转，向客户介绍一下小区环境。

"大姐，您老公还有 20 分钟才到，我们先到小区里面转转，我给您介绍一下小区环境。"

"好的。"

我和客户下了楼，我指着正在凉亭里打牌和聊天的老人说："大姐，您不要小看这些老人。这个小区是以前的单位房，这些老人是都是单位里的干部，素质和修养都很好。"

客户看着这些老人，没有说话。我想了解客户着不着急买房，看房看了多久，好为接下来的成交做准备。

"大姐，您有几个孩子？"

"一个。"

"孩子多大了？马上就要上小学了吗？"

客户一边观察小区环境一边说："明年读一年级。"

这说明客户肯定着急买房。我说："大姐，孩子很快就要上小学了，买房的事情不能再拖了，您还要办理过户、贷款等手续，至少需要几个月的时间。您还要迁户口、办入学证明，这些都需要时间。"

"是的，挺着急的。"客户转过头看了看我。

如果客户的孩子才两三岁，客户肯定会慢慢看、慢慢挑，不急着买。所以，接待想买学区房的客户时，我都会询问客户孩子的情况，判断客户着不着急买房。接下来，我要了解客户看没看过附近的楼盘，看房看了多久。如果是刚出来看房的客户，就算看中了也不会马上买，因为客户还想多看几套房，了解市场行情，对比几套房子之后才会决定买哪套。如果是看房看了很久的客户，他们已经了解市场行情和价格了，只要看中了就会买。

我试探性地问："大姐，您看房看了多久？学校附近的小区您都看了吗？"

"我看了三四个月了，附近的小区基本上都看了。很多小区的价格太高，我接受不了。"客户一边想一边说。

客户看房已经好几个月了，一会儿她老公要是看中了这套房子，我就可以快速地引导客户进入成交阶段。我想继续了解客户的家庭情况，尽可能把这个小区对客户的好处放大。

我问："大姐，家里有老人过来帮您照看孩子吗？"

客户看了看我，说："如果我没有时间，也会叫老人过来帮忙看几天孩子。"我说："大姐，如果有老人帮您照看孩子，您就会轻松很多。您看，楼下有这么多老人在下棋、聊天、打牌，这就是老人的生活方式。为什么很多老人不喜欢跟自己的子女住在一起？不是因为房子不好，而是因为没有人陪他们聊天，没有人陪他们玩。"

客户笑了笑，说："钟经理，你带过孩子吗？"

我叹了口气，说："偶尔看几个小时还行，如果让我一整天带孩子，我宁愿去上班。带孩子比上班还要累！"

客户笑得合不拢嘴。

我指着小区里的一块空地说："大姐，每天早上都有老人在这里打太极、跳舞。前面有一些运动器材，每天都有老人在那里做运动。"客户看了看前面的空地，现在没有什么人。

我对客户的很多情况都不了解，不知道她看了附近的哪个小区，也不知道她是否了解附近的配套设施。为了放大这个小区的价值，我必须继续了解客户的情况。

我问："大姐，您了解这个小区附近的情况吗？"

客户摇了摇头，说："不是很了解。"

"大姐，小区后面有个菜市场，走路过去大概要花七八分钟。对不会骑车的老人来说，过去买菜再方便不过了。这个菜市场已经开了十几年，什么菜都有，价格也很便宜。老人都喜欢结伴去买菜，如果您家的老人过来住，跟小区里的其他老人熟了，就有人陪他去买菜，老人也不会感到无聊了。"我指了指小区的后门，客户顺着我手指的方向看了一眼。

我用手指着另一个方向说："大姐，在前面不远的地方有个小公园，骑电动车过去只需要3分钟。早上有很多老人在那里锻炼身体，晚上还有很多老人在那里跳广场舞，您家的老人会不会跳广场舞？"

客户摇了摇头，说："应该会吧，我也不是很清楚。"

我给客户来了一个大总结："如果有老人长期帮您接送孩子、买菜做饭，您就可以省下很多时间去做自己的事情，您就可以挣更多的钱，甚至拥有自己的事业。"

客户的眼睛一亮，但只是一闪而过，我刚好用眼角的余光瞄到了，说明客户很想成就一番自己的事业。

"大姐，家里的老人过来住，有人陪他买菜、逛超市、跳广场舞，我相信老人肯定就舍不得走了。如果有老人长期帮您带孩子，您就可以有更多的时间去做自己的事业。"

夫妻两个人带一个孩子，其实买一套两居室就够住了，为什么要买三居室呢？其实就是为了留一间卧室给老人住，方便老人过来照顾孩子。

大概过了 20 分钟，客户的老公到了小区门口，我和她走到小区门口接她老公。跟她老公见面之后，我打了一声招呼就在前面带路，领着他们朝着房子走去。

客户一边走，一边向她老公介绍这个小区。我在前面隐隐约约地听到客户说"爷爷、奶奶……买菜、跳广场舞、逛街、打牌、下棋"。

看起来，我刚才跟她说的话，她都听进去了。走进房子之后，客户的老公看到这些家具和家电也是眉头紧皱，客户连忙向她老公解释，说冰箱、洗衣机和床必须换，把我跟她说的话重复了一遍。她把孩子的安全、孩子的接送、生活的方便、对老人的好处等问题全跟她老公说了一遍。

她老公看完房，当场还价 35 万元。我感到很郁闷，因为这个价格根本不可能成交。就在前两天，有个客户也是还价 35 万元，我就让客户回去了。客户回头去找其他经纪人，最后买了这个小区的其他房子。

想到这一点，我就不敢放客户回去。我对他们夫妻说："我看你们也是诚心来买房的，要不我现在把房东约出来，去我们公司谈吧？价格谈成了就买，价格谈不成就不买。我尽量帮你们谈价格，我们三个人来说服房东一个人，应该能谈成。"

我先让客户看到成交的希望，这样客户才愿意跟房东见面谈。

客户的老公说："好，你现在约房东出来吧。"

我马上当着客户的面给房东打电话："王总，您现在有时间吗？有个客户想跟您见面谈。"

房东很干脆地说："好，我大概 10 分钟后到。"

我太了解房东这个人了，40 多岁，主要工作就是看房。他整天跟着经纪人去看房，手上的房子不知道有多少套。他每次路过我们公司，都会进来坐一会儿，问我们有没有便宜的房源。有时候，他还会带一些水果给大家，所以大家有好的房源都会打电话告诉他。

房东刚坐下来就说："你知道我为什么要买这套房子吗？这套房子以前是省里的一位领导住的。当时他是我们市里的一个领导，在这套房子住了几年，就调到省里去了。这套房子真的很好！后来有个做生意的小老板买了下来，当时这个小老板开着一辆桑塔纳，在这套房子里住了两年，他买了一辆奥迪 A6，还买了一栋别墅，搬出去住了。我买下来之后，本来想装修一下自己住，谁知道老婆不同意，孩子也不想过来住。我实在没有办法，才把它卖了。"这个房东比我还能说，说得这对夫妻两眼放光。

他们谈了 10 多分钟，房东说得也差不多了。突然房东的手机响了，房东看了我一眼就接起了电话。

"你是哪个公司的？现在有客户正跟我谈这套房子！客户出多少钱？好的，我现在就过去。"房东说完把电话挂了，起身就要走。

我不知道房东是在演戏，还是真的有人要买他家的房子，于是马上拉住房东说："王总，我的客户还在这里，你们还没谈好，您去哪里？"

房东无奈地说："他们出 35 万元，价格太低了。我已经给他们降了 1 万元，现在的价格是 37 万元。而且，他们还要贷款。刚刚别的经纪人打电话过来，说有客户出 37 万元，要我过去签合同。你的客户出不了 37 万元，我就不谈了。"

我转过头对客户说："现在这套房子最低卖 37 万元，你们觉得这个价格怎么样？"

客户的老公低下头想了一会儿，对我说："你给我们几分钟的时间商量一下。"

客户觉得就这样买下这套房子也太仓促了，他们还得商量一下。我想了想，这也是人之常情，就让他们商量一下。

我拉住房东说："王总，让他们考虑几分钟。他们不买的话，您就去别的中介公司谈吧。"

房东站起来说："行，小钟，我们出去透透气，给他们10分钟的时间商量。如果他们不买，我就去别的中介公司。"

我和房东走到店外，看着路边的车水马龙。房东问我："小钟，这个客户的征信有没有问题？"

我摇了摇头说："这个客户刚见面没多久，我也不清楚。待会儿我在合同上注明，如果买方的征信有问题，卖方可以无责任解除合同。待会儿签完合同，我就带他们去查征信。"房东点了点头。

"王总，客户是卖掉家里的老房子才买这套房子的，我还以为客户可以一次性付款，没想到客户手上没有多少钱，而且还要贷款。刚刚小李带客户去看了50多万元的房子，客户买不起。"

房东点了点头，有一句没一句地跟我聊天。我心里惦记着客户，不知道他们夫妻两个在办公室里商量得怎么样了。

快到10分钟的时候，客户走出来说他们决定买下这套房子，当场交了定金。

场 景分析

有一些用于养老房的话术也可以用于学区房。

"大姐，家有一老如有一宝，现在的小孩7点多就要到学校，所以您必须6点多就要起床，还要叫小孩起床，送他去学校，想睡个懒觉都不行，这是多么辛苦的事情啊！如果家里有个老人，早上帮您送小孩去学校，您睡到自然醒再去上班，这是多么幸福的事情啊！"

"中午老人帮您接送小孩，每个月省了好几百元午托费。您晚上下班也不用匆匆忙忙地赶去学校接小孩，然后再去买菜做饭，因为家里的老人都帮您做好了。节假日同事或朋友叫您出去吃饭、喝咖啡，您也不用带着小孩，可以在外面玩个痛快。"

"有些老人有退休金，出钱买菜做饭，每个月都能帮您节省好几千元的开支。所以说，家有一老，如有一宝。老人找点事情做，有了精神寄托，对身心健康也有很大的帮助。大姐，如果您家里有老人，一定要让他们过来跟您一起住，您会省很多心。"

这些话术都来源于生活。经纪人家里的老人平时做了什么家务、对家庭有什么贡献，简单总结一下，就是很好的话术。

总 结

这套房子之所以能这么快就卖出去，当然是因为多个方面的因素，包括房东发挥了积极的作用、客户手上的可支配资金确实比较有限等，但经纪人发挥的作用是不能忽视的。

在这个单子成交之前，经纪人带多少个客户看过这套房子，做了哪些房源方面的工作，做了多少铺垫？面对同样的房源、同样的客户，其他人无法快速成交，只有下了功夫的经纪人才能快速成交。

经纪人对客户要使用各种各样的话术，但经纪人并不是天生就会。经纪人带着很多客户看这个小区的房子，这个客户教一句，那个客户教一句，经纪人不断地总结，就能提炼出好用的话术。换成别的小区，经纪人对小区的情况不了解，对房东也不了解，肯定无法做到张口就来。

一个专业的经纪人是跑盘跑出来的，功夫下到位了，就能时不时谈成这种闪电成交的单子。